DUMONT EXTRA

Rhodos

D1722541

Hans E. Latzke

Inhalt

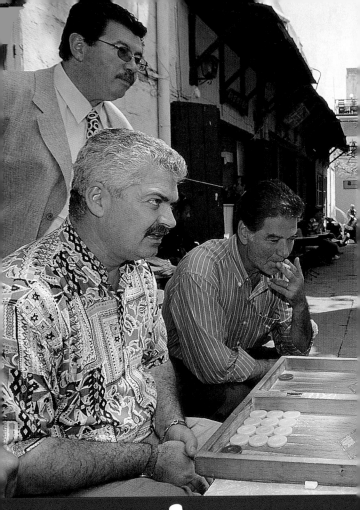

Kalós o

So begrüßt man in Griechenland traditionell einen Fremde
doch auf Rhodos wird man eher die Kurzform ›Jassou‹ od
gar ein englisches oder deutsches ›Hallo‹ hören: Wie kau
eine zweite Insel der Ägäis ist Rhodos kosmopolitisch, m
dern und weltoffen. Das ist eigentlich auch kein Wunder, b
gann der Tourismus hier doch schon in den 60er Jahren. A

rissate!

er herzlichen Art der Rhodier gegenüber ihren Gästen än-
erte das kaum etwas, hinterließ aber unübersehbare Spu-
en. Da sollte man sich hüten, einsame Inselidylle pur zu er-
arten. Die meisten Urlaubsorte sind von quirligem (Tag-
nd Nacht-) Leben geprägt. Also eher keine stillen Tage auf
hodos, aber viele Gelegenheiten zu feiern.

5

Rhodos "Insel des Helios"

Insel des Sonnengottes Helios – das zieht als Werbemotto, heute wie vor 2500 Jahren. Bei immerhin 300 Sonnentagen pro Jahr ist das Motto gewiß nicht falsch, auch wenn Rhodos – nach der Mythologie – zu Helios eher aus Zufall kam. Der war nämlich gerade unterwegs auf seinem Zug über das Firmament, als Zeus die Länder verteilte. So war er leer ausgegangen, entdeckte jedoch dann ein jungfräulich aus dem Meer aufgetauchtes Eiland, bewohnt von der Nymphe Rhode. Sie wurde seine Braut und gab der Insel auch den Namen.

Als ›Braut‹ war Rhodos zu allen Zeiten und von allen politischen Mächten begehrt. So umwarben es schon früh, im 3. Jh. v. Chr., die Römer – und zur Zeitenwende war die Insel dann für Roms Elite, was sie heute für uns ist: eines der beliebtesten Urlaubsziele im Mittelmeer. Auch Cato, Cicero und Caesar besuchten wie unsereins den Tempel der Athena in Líndos (der damals aber noch unversehrt stand), flanierten wie unsereins über die Marktstraße von Rhodos-Stadt (die heute Sokratous heißt), bestaunten die Trümmer des sagenhaften Koloß' von Rhodos (der mit Sicherheit nicht breitbeinig die Hafeneinfahrt überspannte) und besuchten die berühmten Philosophenschulen (die heute fast niemand mehr kennt). Selbst für sie hatte Rhodos schon eine Vergangenheit von gut 1500 Jahren, war verbunden mit den drei rhodischen Städten Líndos, Ialyssós und Kamíros, die 350 Jahre vor ihrer Zeit durch Zusammenschluß die Stadt Rhodos gegründet hatten, war verbunden mit Namen wie Kleoboulos von Líndos, einem der Sieben Weisen der Antike, der im 6. Jh. v. Chr. den ersten steinernen Athena-Tempel hatte bauen lassen und dessen Motto ›Nichts im Übermaß‹ bis heute Bestand hat. Und für sie war Rhodos auch nicht eine der vielen Inseln ihres Meeres, sondern der geschickt taktierende Gegenspieler Athens im 3. Jh. v. Chr., der zwischen den Mächten der Zeit zur bedeutendsten Handelsmacht Griechenlands aufgestiegen war, den Koloß errichtet hatte und sich dann Roms Übermacht doch beugen mußte.

Was Caesar, Cicero und Cato nicht sahen, fasziniert unsereins heute am meisten: Das, was aus Rhodos wurde, als der Ritterorden des hl. Johannes vom Hospital zu

6

Rhodos im Schatten der Großmächte: Großmeisterpalast der Ritter und die Néa Agorá der Italiener am Mandráki-Hafen

Jerusalem nach seiner Vertreibung aus dem Heiligen Land Rhodos im Jahr 1309 eroberte. Damit wurde die Insel, deren urbane Tradition im Arabersturm des 7. Jh. untergegangen war, wieder zur Hauptstadt eines unabhängigen Staats und zu einer Festung gegen den islamischen Vorstoß, die am Mittelmeer ihresgleichen suchte. Dieser Militärorden, der aus einzelnen Landsmannschaften (›Zungen‹) der damaligen Reiche Europas bestand, brachte die Baukunst der Spätgotik nach Rhodos – seine Festungswälle und seine Herbergen an der ›Ritterstraße‹ gehören zu den sehenswertesten Bauten dieser Zeit in Europa.

Nur wenige, dafür aber um so auffälligere Moscheen markieren die Zeit nach der Vertreibung der Ritter durch die Türken im Schicksalsjahr 1522: Seither geriet die Insel als Verbannungsort ins weltpolitische Hintertreffen. Ebenso auffällig, weil ebenso ›ungriechisch‹, sind die Erbstücke der letzten großen Macht auf Rhodos, der Italiener. Für sie war die Insel, Kriegsbeute des Jahres 1912, ein Symbol der Wiederbelebung des römischen Mittelmeerreichs, und so bauten sie hier auch symbolisch: Zitate oberitalienischer Romanik wie in Eleoúsa oder einen orientalischen, heute noch faszinierenden Fantasiestil wie bei der Néa Agorá in Rhodos-Neustadt und den Thérmes Kallithéa.

Dann kam der Zweite Weltkrieg und Rhodos wieder zu Griechenland – erneut geriet die Insel ins Hintertreffen. Doch schon in den späten 60er Jahren jetteten die ersten ›Urlauberbomber‹ nach Rhodos, wurden die ersten Hotels in Rhodos-Neustadt und Ixiá hochgezogen, begann sich die Insel unaufhaltsam dem ›modern way of life‹ zuzuwenden.

Heute wirkt Rhodos-Stadt, seit gut 2400 Jahren Hauptstadt der Insel, wie eine Mischung aus Freizeitpark, Großstadt und Freilichtmuseum – die meisten sind erst einmal irritiert, manche finden's fürchterlich. Wer nicht wegen Olivenbaumromantik und einsamen Stränden hierhingefahren ist, wird es aber bald genießen: die vielen Discos und Music Bars, die guten Tavernen, die kosmopolitische Jugendszene und natürlich die gera-

Strandleben am Glýstra Beach bei Lárdos und Abendbummel in Rhodos-Stadt: so läßt sich der Urlaub genießen

dezu umwerfenden Shopping-Meilen, sei es Kunsthandwerk in der Altstadt, seien es die großen Namen der Mode in der Neustadt.

So ähnlich sieht es in allen größeren Urlaubsorten aus: in Ialyssós/Ixiá an der Triánda-Bucht, in Faliráki, in Líndos… Flackerndes Neonlicht, grellbunte Werbetafeln, wummernde Techno-Bässe, überfüllte Strände, Partys bis zum Sonnenaufgang – so ist das wahre Rhodos, das die Werbe- und Reiseführerbilder so gern unterschlagen. Sicher kann man es auch anders haben, ja, es ist sogar eines der großen ungelösten Rätsel des Rhodos-Tourismus, daß deutsche Veranstalter Unterkünfte in den Nightlife-Zentren nicht anbieten. Sondern stattdessen solche am Rande, wo im Luxus-Ambiente Idylle aus der Retorte produziert wird. Zwar sind die meisten ›Griechischen Abende‹, die mit Comedy, Tanz und Musik mindestens wöchentlich in fast jedem Hotel stattfinden, gar nicht so übel (obwohl man sich mitunter schon an den ›Blauen Bock‹ erinnert fühlt). Doch mit dem wirklichen Griechenland haben sie so wenig zu tun wie die organisierten ›Dorf-Touren‹, die immer in einer überdimensionierten ›Taverne‹ enden, wo an einem Mittag hundertmal das gleiche Gericht serviert wird.

Besser erkundet man die Insel auf eigene Faust – die Busverbindungen an den Küsten sind gut, Taxis durchaus erschwinglich und Mietfahrzeuge (v. a. führerscheinfreie Roller) eigentlich sogar preiswert. Und dann fahre man z. B. einmal abends nach Archángelos – in diesem größten und ›normalsten‹ Städtchen der Ostküste erlebt man am besten, wie die Griechen wirklich sind: Die Familien beim Abendspaziergang, der hier *volta* heißt, die Jugendlichen, die auf ihren Mopeds mit viel Show die Hauptstraße entlangknattern. Und sich längst nicht mehr im Kafénio der Väter treffen, sondern im Internet Cafe (was es nun in fast jedem größeren Dorf gibt). Oder fahre einmal abends nach Líndos, das sich dann, wenn die ›Akropolis-Erstürmer‹ wieder fort sind, in ein einziges Bermuda-Dreieck aus Tavernen, Bars und Discos verwandelt: Die heißen Nächte turbulenter mediterraner

Lebenslust gehören zu den besonderen Rhodos-Erlebnissen. Oder fahre einmal in die Neustadt von Rhodos-Stadt, jenes als laut und heruntergekommen verschriene Denkmal von 30 Jahren touristischer Entwicklung. Auch dort hat sich in den letzten Jahren etwas getan, wurde renoviert und modernisiert. Zum Beispiel die klassizistischen Villen und die Art-Déco-Bauten der Italiener, wo heute allerfeinste Bars oder Restaurants eingezogen sind. Und dann flaniere man in den Shopping-Straßen rund um die Amerikis-Straße: alle Global Player der Mode und des Sportswear sind hier vertreten. Daß Rhodos sich klammheimlich zu der Einkaufsstadt Griechenlands entwickelt, liegt nicht nur an den ausländischen Touristen, sondern daran, daß die Stadt als modernste des Landes gilt und auch viele Griechen hierherfahren.

So bietet ein Rhodos-Urlaub neben Sonne, Strand und vielerlei Sportaktivitäten, sei es Moutainbike-Touring, sei es Wassersport, doch auch beste Gelegenheit, das Griechenland von heute kennenzulernen – und das hat mit künstlichen Urlaubsidyllen wahrlich wenig zu tun.

age:	Rhodos, griechisch Ródos, liegt etwa auf der Höhe von Gibraltar; mit einer Fläche von 1398 km² ist es die viertgrößte griechische Insel, auf der etwa 98 000 Menschen leben.
odekanes:	Rhodos ist Hauptstadt der Dodekanes-Inseln, die von Pátmos im Norden bis nach Kássos bei Kreta reichen. Die ›Zwölf Inseln‹ (tatsächlich sind es mehr) haben eine Sonderstellung, weil sie bis 1943 zu Italien gehörten.
eographie:	Die höchsten Berge sind der Attávyros (1215 m) und der Profítis Ilías (798 m) in der Inselmitte. Von Rhodos-Stadt im Norden bis in den äußersten Süden fährt man etwa 90 km; die größte Breite beträgt 37 km.

Das Hafentor von Rhodos-Stadt

Frühgeschichte

Ab 1700 v. Chr. unterhalten die Minoer aus Kreta Handelsstützpunkte auf Rhodos; ihnen folgen ab 1450 die Mykener vom Peloponnes und die Phöniker. Gegen 1150 wandern dorische Griechen ein und gründen die Städte Líndos, Ialyssós und Kamíros.

ab 690 v. Chr.

Rhodos wird durch Handel mit dem Orient reich und gründet Kolonien in Sizilien und Kleinasien. Um 550 läßt Kleoboulos in Líndos den Tempel der Athena Lindia errichten. Nach den Perserkriegen (ab 480) steht Rhodos im Schatten Athens.

**408 v. Chr.
und 4./3. Jh.**

Líndos, Kamíros und Ialyssós gründen durch Zusammenschluß (Synoikismos) die neue Stadt Rhodos, die bald zum bedeutendsten Handelshafen und zu einer Kulturmetropole Griechenlands aufsteigt. Nach Abwehr einer Belagerung durch Demetrios Poliorketes 305 v. Chr. wird der Koloß von Rhodos errichtet. Chares von Líndos leitet die Arbeiten an der Statue, die aber schon 227 v. Chr. durch ein Erdbeben umgestürzt wird.

**164 v. Chr.
– 3. Jh. n. Chr.**

Rhodos, seit 200 v. Chr. mit den Römern verbündet, wird ein Vasall Roms. Bis zum 1. Jh. n. Chr. büßt die Insel zwar schrittweise die Unabhängigkeit ein, erlebt aber ihre höchste Blüte in Kunst (z. B. Laokoon-Gruppe), Philosophie (bedeutende Schulen) und als ›Kurort‹ (Besuch von Cicero, Cato, Caesar und dem späteren Kaiser Tiberius). Mit dem Erdbeben im Jahr 155 beginnt der Niedergang der einstigen Metropole.

ab 4. Jh.	Rhodos gehört zum Oströmischen Reich mit der Hauptstadt Konstantinopel, aus dem das Byzantinische Reich entsteht. Das Christentum setzt sich durch, zahlreiche große Basiliken werden gebaut. Im Arabersturm des 7. Jh. wird Rhodos wiederholt von den ›Sarazenen‹ geplündert, die Bevölkerung flieht aus den Küstenstädten ins Hinterland.
1309–1522	Der Ritterorden der Johanniter erobert Rhodos und baut die Stadt zu einer gewaltigen Festung gegen die Türken aus. Nach einer erfolglosen Belagerung im Jahr 1480 vertreiben die Türken unter Sultan Süleyman 1522 die europäischen Ritter.
1523–1912	Für 400 Jahre bleibt die Insel türkisch; in Rhodos-Stadt entstehen zahlreiche Moscheen. Ab dem 18. Jh. beginnt der Aufstieg der weiterhin von Griechen bewohnten Hafenstädte Líndos, Sými und Chálki zu reichen Handelszentren.
1912–1947	Die Italiener erobern Rhodos: Sie errichten zahlreiche Koloniesiedlungen und Verwaltungsbauten, sie restaurieren auch das mittelalterliche Stadt Rhodos (Neubau des Großmeisterpalastes). Nach dem Waffenstillstand der Italiener mit den Alliierten 1943 besetzt die deutsche Wehrmacht die Insel. Nach der Befreiung durch die Briten wird Rhodos am 10. Februar 1947 wieder griechisch.
1967–1974	Nach politisch instabiler Nachkriegszeit ergreift eine Militärjunta die Macht; sie stürzt während der Zypernkrise.
seit 1975	Mit der Abschaffung der griechischen Monarchie durch Volksabstimmung Rückkehr zur Demokratie. Seither wird die Politik bestimmt durch die von Andréas Papandréou gegründete sozialdemokratische PASOK und die von Konstantin Karamanlis aufgebaute konservative Néa Dimokratía. 1980 tritt Griechenland der EG bei.
1988	Gipfelkonferenz der Regierungschefs der EG in Rhodos-Stadt.
1996	Parlamentswahlen machen die PASOK unter Kóstas Simítis wieder zur stärksten Kraft.
1999	Der Grande Albergo delle Rose, das einstige Luxushotel der Italiener, wird als Casino wiedereröffnet.

Gut zu wissen!

Der Priester heißt hier Papa – und hat, wie in Lachaniá, auch schon mal eine Taverne

Rhodos ist ein unproblematisches Reiseziel, auch wenn nicht immer alles perfekt organisiert ist.

Beschwerden: Laute Großspurigkeit bewirkt meist gar nichts. Schildert man das Problem sachlich und bittet höflich um Hilfe, wird die Sache meist am schnellsten erledigt.

Fotografieren: Nicht alle Menschen lassen sich (ähnlich wie in Deutschland) gern fotografieren. Bevor man ›abdrückt‹, sollte man daher das Einverständnis durch ein Nicken oder Lächeln einholen.

Handeln & Feilschen: Ist in Griechenland nicht mehr üblich. Nur bei Souvenirläden sollte man es versuchen, vor allem bei teuren Gegenständen. In der Nebensaison hat man auch beim Zimmerpreis und bei Autovermietern gute Chancen.

Kiosk: Der *periptero* ist der Tante-Emma-Laden der Griechen: Von Zigaretten bis zu Kondomen *(profilaktiká)* bekommt man dort alles, Briefmarken, Eis, Schmerztabletten natürlich auch. Hier kann man sogar telefonieren; die Gebühren sind kaum höher als bei den Büros der Telefongesellschaft OTE.

Kirchenbesuch: In Kirchen und Klöstern wird angemessene Kleidung erwartet: Knie und Schultern müssen bedeckt sein. In häufig besuchten Kirchen liegen Wickeltücher zum Umlegen aus. Vor den Ikonen verschränkt man die Arme nicht auf dem Rücken und wendet ihnen auch nicht den Rücken zu. Beim Gottesdienst sollte man aufs Foto verzichten. Am Eingang liegen Kerzen bereit, die die Griechen gegen eine Spende in den Opferstock als Lichtgebet entzünden. Da in Kirchen meist eine Spende erwartet wird, ist das die beste Möglichkeit, seinen Obolus loszuwerden.

Nackte Haut: FKK ist auf Rhodos eigentlich nirgendwo üblich, und auch ›Topless‹ scheint langsam out zu werden. Ein wenig Zurückhaltung wäre auch bezüglich der Kleidung beim Bummeln zu erwägen. Wer seine T-Shirts zu Hause

Hotels und guten Restaurants läßt der Zustand griechischer ›Örtchen‹ manchmal arg zu wünschen übrig. Fast überall ist es üblich, das Toilettenpapier nicht in die Toilette, sondern in einen danebenstehenden Eimer zu werfen.

Trinkgelder: In Restaurants ist der Service inklusive; Griechen lassen aber immer ein wenig Kleingeld auf dem Tisch liegen. Trinkgelder unter 300 Drs. wirken jedoch beleidigend. Zimmermädchen gibt man etwa 100 Drs./Person und Tag; Taxifahrer erwarten ein Aufrunden des Rechnungsbetrages, wobei aber ebenfalls der Wechselkurs beachtet werden sollte.

vergessen hat, kann auf Rhodos übrigens günstig neue kaufen!

Sicherheit: Griechenland hat die niedrigste Kriminalitätsrate aller EU-Staaten.

›Siesta‹: In Griechenland ist zwischen 14 und 17 Uhr nichts los: Man hält allgemein das Mittagsschläfchen. Die Zeit verbringt man am besten am Strand, denn in den Dörfern ist kein Mensch zu sehen.

Sonnenliegen: Was ist für den Griechen typisch deutsch? Wenn man die Liege am Pool schon morgens durch Auflegen eines Handtuchs reserviert. In vielen Hotels ist das nicht gestattet. Für Sonnenliegen am Strand muß man pro Person und Tag 700 bis 1000 Drs. (4,20 bis 6,10 DM) rechnen.

Tageslicht: Im Sommer sind die Tage kürzer als bei uns. Die Sonne geht Mitte Juni etwa um 5 Uhr auf, aber schon um 20 Uhr unter.

Toiletten: Die Frage »Pu ine tualetta?« (Wo ist die Toilette?) führt bei einfachen Tavernen oft direkt in die Katastrophe. Außerhalb von

Zeichensprache

In Griechenland ist alles ganz anders. Legt jemand den Kopf in den Nacken und reckt Ihnen das Kinn entgegen, heißt das ›Nein‹ ohne wenn und aber – obwohl man denkt, es bestünde noch Hoffnung. Ein schräg zur Seite geneigtes Kopfnicken bedeutet ›Ja, ich glaube schon‹. Beim Zählen mit den Fingern beginnt man mit dem Zeigefinger, der Daumen kommt erst als Fünf hinzu. Und winkt ein Grieche so, als solle man verschwinden, bedeutet das ›Komm her!‹. Ein Trost: ›Give me five‹ versteht man auch auf Rhodos.

Beim Ostergottesdienst

Feiertage & Feste

Bewegliche Feiertage berechnet die orthodoxe Kirche nach dem Julianischen Kalender; sie fallen daher nur selten auf den gleichen Tag wie bei uns.

Epiphanías, 6. Januar: Fest der ›Wasserweihe‹ am Mandráki-Hafen. Die jungen Männer tauchen nach einem Kreuz, das der Priester ins Wasser wirft.

Karneval, 12. März 2000: Umzüge finden vor allem in Archángelos und Kremastí statt. Am Rosenmontag fahren viele zum Picknick aufs Land.

Evangelismos, 25. März: Der Festtag Mariä Verkündigung ist zugleich Nationalfeiertag (als Beginn des Befreiungskriegs gegen die Osmanen 1821). Am Mandráki-Hafen große Parade der Politiker, Militärs und der Bischofs, die Schüler tragen Tracht.

Ostern, 30. April 2000: Das wichtigste Fest der orthodoxen Kirche. Am Karfreitag finden in allen Dörfern Prozessionen mit dem symbolischen Grab Christi *(Epitáphios)* statt. Der große Ostergottesdienst beginnt am Samstag gegen 23 Uhr. Kurz vor Mitternacht werden alle Lichter bis auf das ›Ewige Licht‹ gelöscht; wenn der Priester *(Papa)* die Auferstehung verkündet, entzündet jeder eine Kerze, die Jugendlichen lassen Knallkörper explodieren. Am Sonntag werden Lämmer und Zicklein am Spieß gegrillt, man feiert mit der oft von weither zusammengekommenen Familie. Als Symbol für das Blut Christi sind die Ostereier immer rot.

Anfang Mai: Blumenfest am Mandráki-Hafen in Rhodos-Stadt mit einem Wagenumzug.

Pfingsten, 18. Juni 2000: Wie Ostern meist zu einem anderen Termin als im Westen.

15. August (Kímissis tís Theotókou): Am Todestag Mariens feiert ganz Griechenland vor den Marienkirchen (auf Rhodos vor allem in Ialyssós, Kremastí). Meist beginnen Musik und Tanz auf den Dorfplätzen schon am Vorabend.

28. Oktober: ›Ochi‹-Tag zu Ehren des historischen ›Nein‹, mit dem der griechische Diktator Metaxás 1940 auf ein Ultimatum Mussolinis antwortete, was zum Eintritt Griechenlands in den Weltkrieg führte. In Rhodos-Stadt findet eine Militärparade statt.

14

Unterhaltung

Folkore: Auftritte von Tanzgruppen organisieren viele größere Hotels, dazu gibt's Animation und lokalen Wein. Nur unwesentlich authentischer sind Ausflüge zu ›Dorftavernen‹, wo das gleiche Programm geboten wird. Viel empfehlenswerter ist das **Nelli Dimoglou Folk Dance Theatre** in Rhodos-Altstadt. Im dortigen Freilufttheater nahe der Mustafa Pascha-Moschee zeigt die Truppe einer Schülerin des Dora Stratou-Theaters in Athen griechische Volkstänze aus allen Provinzen in originalen Trachten (s. S. 78).

Theater: Griechisches Theater ist für Urlauber schon aus Sprachproblemen kaum interessant. Im **Melina Merkouri Theatre** in Rhodos-Stadt, open-air im Burggraben (Medieval Moat) nahe Akandía-Hafen, treten aber auch bekannte griechische Sänger auf (Ankündigung meist kurzfristig über Plakatierung in Griechisch).

Sound & Light: Die Show im Park gegenüber der Néa Agorá erläutert mit Licht und Toneffekten die Geschichte des Großmeisterpalastes und die Belagerung von Rhodos durch die Türken (S. 78).

Discos: Die besten findet man in Rhodos-Neustadt, Faliráki und Líndos. Sie öffnen gegen 23 Uhr; meist ist aber erst nach 1.30 Uhr etwas los. Zu Beginn locken aber oft ermäßigte Getränkepreise (›Happy Hour‹).

Die wichtigsten Panagíria

Panagíria sind die Kirchweihfeste zu Ehren des jeweiligen Patronatsheiligen einer Kirche. Das Volksfest mit Musik und Tanz findet meist am Vorabend vor der Kirche oder auf dem Dorfplatz statt; am Festtag selbst ist nur ein Gottesdienst. Wer an solchen Festen teilnehmen will, sollte sich passend kleiden (Shorts gehören z. B. nicht zum guten Ton).

23. April	Ágios Geórgios in Kritiniá
21. Mai	Ágios Konstántinos beim Kloster Moní Thárri
17. Juni	Agía Marína in Koskinoú und Paradísi
27. Juli	Ágios Pandélimon in Siánna
30. Juli	Moní Ágios Soúlas südlich von Soroní (an der Straße nach Eleoúsa, Volksfest mit Tanz und Eselrennen
15. Aug.	Kímissis tís Theotókou (Mariä Himmelfahrt); das größte Marienfest findet in Kremastí statt
8. Sept.	Geníssi tís Theotókou (Mariä Geburt); Wallfahrt nach Kýra Tsambíka und Fest im Kloster Moní Tsambíka
14. Sept.	Tímios Stávros, Heilig-Kreuz-Fest in Kalythiés, Malóna und Apóllona
18. Okt.	Ágios Loúkas in Afándou
8. Nov.	Míchail Archángelos in Archángelos und im Panormítis-Kloster auf der Insel Sými

Essen & Trinken

Auf Rhodos hat man eine fast unendliche Auswahl an Restaurants. So lohnt es eigentlich nicht, Halbpension zu buchen – zumal sich die Hotelküchen leider allzuoft einem 08/15-Durchschnittsgeschmack anpassen. Ein bißchen Mut zum Experiment kann den Urlaub auch zu einem kulinarischen Erlebnis machen. Souvlaki, Moussaká und Tzatziki – solche Klassiker gibt es überall, doch dafür muß man nicht nach Griechenland fahren. Auf Rhodos sollte man eher nach ungewöhnlichen Angeboten Ausschau halten.

Fisch und Meeresfrüchte

Fisch wird, teils frisch, teils tiefgefroren, überall angeboten, ist aber ausgesprochen teuer. Der Preis wird nach Gewicht berechnet. Man sollte beim Abwiegen dabei sein, um unangenehmen Überraschungen vorzubeugen.

Generell gilt jedoch: je nobler das Ambiente, desto weniger authentisch das Essen und desto teurer obendrein. In bodenständigen Lokalen ißt man dagegen günstiger, abwechslungsreicher – und keinesfalls schlechter.

Eine Wissenschaft für sich sind die Vorspeisen *(mezédes):* unzählbar viele Appetitanreger, teils kalt wie *taramás* (Fischrogenpaste) oder *skordaliá* (Knoblauchpüree), teils warm wie *saganáki* (gebackener Schafskäse) oder *kolokithokeftédes* (Zucchinipuffer). Fleisch und Fisch grillt man meist über Holzkohle, geschmacklich raffinierter sind aber die Schmorgerichte mit Gewürzen wie Koriander, Kreuzkümmel oder Piment. Überall gibt es natürlich auch Pizza, Spaghetti und Hamburger.

Die Hotels bieten mehr oder minder gute Frühstücksbüffets. In den Badeorten kann man außerdem den ganzen Tag über in Cafés und Tavernen ein englisches Frühstück oder Joghurt mit Honig bestellen, gute Snacks sind auch *tirópitta* (Teigtasche mit Schafskäse) oder *bugátsa* (mit Gries).

Essen gehen

Wo die Gäste überwiegend Urlauber sind, öffnen die Lokale gegen 10, sonst gegen 12 Uhr. Mitunter schließen sie zwischen 15 und 18 Uhr, viele bleiben bis nach Mitternacht geöffnet. Hauptmahlzeit ist in Griechenland das Abendessen, das man im Sommer erst nach 21 Uhr beginnt. Für griechische Restaurants gibt es verschiedene Bezeichnungen, wobei Bezeichnungen wie *estiatório, tavérna* oder *ouzerí* heute auf Rhodos kaum noch einen Unterschied machen. In einem *kafénio,* dem traditionel-

Deftige Küche liebt man auf Rhodos: Taverne Roumelia in Faliráki

len Treffpunkt der Männer, die hier Karten oder *távli* (Backgammon) spielen, gibt es Kaffee, Bier, Wein, aber meist nichts zu essen.

Getränke

Cola & Co. sowie meist deutsches Bier (aus Flaschen oder vom Faß) sind überall erhältlich. Gute rhodische Weine sind der Ilios von CAIR, ein trockener Weißer, der Villaré von Emery (ein fruchtiger Weißer) sowie Chevalier de Rhodes (ein trockener Roter). Überall kann man auch Retsína kosten, den typischen geharzten Weißwein. Neben Ouzo, den man traditionell mit Wasser versetzt genießt, ist der *soúma*, ein klarer Tresterschnaps, eine rhodische Spezialität – zu beidem ißt man kleine pikante Häppchen, die *mezé* genannt werden. Will man Wasser bestellen, muß man *sóda* (mit Kohlensäure) oder *neró* (aus der Leitung) unterscheiden.

Filterkaffee *(kafé filtro)* gibt es nur selten, meist bekommt man löslichen Kaffee *(nes* genannt), wahlweise mit oder ohne Milch *(me gála, chóris gála)*. Kalt und schaumig geschlagen *(frappé)* ist er das beste an heißen Tagen.

Der griechische Kaffee *(kafé ellinikós)* wird immer ohne Milch, aber mit Satz serviert. Bei der Bestellung muß man angeben, ob man ihn *glikó* (süß), *métrio* (mittel) oder *skétto* (ohne Zucker) will.

Spezialitäten-Lexikon

gemistés *(jemistés):* mit Reis gefüllte Tomaten oder Paprika
giouvétsi *(juvétsi):* Lamm- oder Rindfleisch mit *kritharaki* (reisförmigen Nudeln) und Tomaten-Kreuzkümmel-Sauce geschmort
keftédes: Hackfleischbällchen mit Kartoffeln in Tomaten-Koriander-Sauce geschmort
kokkinistó: Rindfleisch, geschmort in Tomatensauce
kokorétsi: in Darm gewickelte, am Spieß gegrillte Innereien
paputsákia: Auberginen, mit Hack gefüllt und mit *feta* überbacken
skordaliá: Püree aus Kartoffeln und Knoblauch
stifádo: Gulasch (meist Rind) mit Zwiebeln in einer Tomaten-Nelken-Sauce.

Für den Aktivurlaub bietet Rhodos allerhand Möglichkeiten, wo alles, was im, auf und unter Wasser spielt, natürlich besondere Konjunktur genießt. Aber auch für Biker und Golfer gibt es einiges zu tun, in Faliráki können ganz Aktive sogar Bungee springen.

Wassersport

Baden ist überall erlaubt, einen Rettungsdienst *(baywatch)* gibt es jedoch nirgendwo. Als Faustregel sind die Strände an der Ostküste (Faliráki, Kiotári) weniger stürmisch und daher auch heißer als

Die schönsten Strände

Tsambíka Beach (G4): Unter dem Klosterfelsen ein wunderbarer Feinsandstrand, das Hinterland völlig unverbaut, aber viele Ausflügler.
Foúrni Beach (A6): Ganz einsamer Feinkiesstrand bei der Monolithos-Burg, etwas abseits auch FKK.
Tássos Beach (H2): An zerklüfteter Felsküste verstreute Badefelsen bei Thérmes Kallithéa, zu denen man über Holzstege klettert.

die an der Westküste, wo stets eine frische Brise geht. Quallen oder Seeigel sind eigentlich nirgendwo ein Problem, auch nicht die Versorgung mit Speis' und Trank. Fast überall werden auch Sonnenliegen und -schirme vermietet, was sich bei ca. 8 DM/Tag für zwei Liegen jedoch ganz schön summieren kann.
Boote kann man an allen Stränden mit größerer Hotelbebauung leihen. Neben Tretbooten gibt's auch führerscheinfreie Motorboote und Jet-Skis; größere Wassersportstationen bieten auch Wasserski (1 Start ca. 25 DM) oder Paragliding (Fallschirmfliegen, pro Start ca. 40 DM) an.
Banana Riding & Ringos: Wer Achterbahn fahren liebt, wird auch das mögen. Auf dem Banana sitzt man zu mehreren, auf dem Ringo allein, beide werden von einem Speedboot in Schleifen übers Wasser gezogen. Sieger ist, wer nicht baden geht! Die besten Wassersportstationen für Ringos findet man in Faliráki, es wird aber auch am Lárdos Beach und in Ialyssós angeboten.
Surfen: Die Westküste, vor allem aber Prasonísi, ist unter Profi-Surfern europaweit bekannt – die können hier ganz ihrem Motto: »Fuck the sun, I want wind« frönen. Die F2-Stationen in Ialyssós bieten aber nicht nur Profi-Equipment, sondern auch Kurse für Anfänger (die aber besser auf die ›Idiotenbuchten‹ an der Ostküste ausweichen). Unter sich sind die Highspeed-Fahrer in Prasonísi, wo sich im Sommer eine eingeschworene Gemeinschaft im Hotel-Restaurant Light House trifft.
Tauchen: Scuba-Tauchen (mit Flasche) ist nur in Begleitung eines lizensierten Tauchführers und in bestimmten Arealen erlaubt,

Wassersport? Jede Menge! Aber auch Golf wird auf Rhodos gespielt

Schnorcheln aber überall gestattet. CMAS und PADI-Kurse, dazu Ausfahrten an abgelegene Spots bieten etliche Tauchbasen in den großen Hotelorten. Die besten Tauchschulen sind DiveMed Centres, 33 Lisavonas, Rhodos, Tel. 0241/611 15, Fax 665 84, MOB 093-31 90 40, und Waterhoppers, 29 Perikleous, Rhodos, Tel./Fax 0241/381 46, MOB 093-42 26 17.

Jachtcharter: 10–15 Meter-Boote mit 2–4 Kabinen vermietet Kronos Yacht Agency, Mandraki Marina, Rhodos, Tel. 0241/764 07, Fax 215 29, MOB 094-53 77 42. Preise ab 2000 DM pro Woche, Skipper 150 DM/Tag, dazu kommen noch Treibstoff, Hafengebühren.

Sport an Land

Golf: Der Golfplatz von Rhodos liegt bei Afándou direkt am Strand. Er ist 6600 m lang, Par 72, und leicht wellig, Green Fee für den ersten Tag ca. 70 DM, dann zurückgehend bis auf 35 DM vom sechsten Spieltag an (Info-Tel. s. S. 29). Das Gelände ist jedoch schattenlos und wenig gepflegt – wann der geplante neue Platz im Inseln-

neren fertig ist, steht derzeit noch nicht fest.

Mountainbikes kann man in vielen Küstenorten leihen (ab 12 DM/Tag). SCOTT-Räder und geführte Touren (leichte Halbtagestouren, aber auch Off-Road) bieten *Hellas Bike Travel,* Faliráki, Tel. und Fax 0241/867 77, MOB 094-55 74 00 oder *Rhodos Cycle Tours,* Ialyssós, Tel. und Fax 0241/943 88.

Harley-Biking: Neuester Schrei auf Rhodos: für einen Tag ein König auf der Harley. Die Big-Bikes mietet man bei Rent a Harley (Tel./Fax 0241/749 25, 80 28-Oktovriou, z. B. die Bad Boy für ca. 210 DM/Tag), aber auch in Ialyssós, Kremastí oder Faliráki.

Wandern: Wer wandern will, sollte selbst im Frühjahr und Herbst an Sonnenhut, Schutzcreme und Wasserflasche denken. Als Wandergebiete sind nach den letzten Waldbränden noch das Psínthos- und das Profítis Ilías-Massiv zu empfehlen. Meist fehlen jedoch markierte Wege, viele Karten sind irreführend. Nur von Sálakos gibt es einen markierten Pfad auf den Ilías-Gipfel. Bei TUI und Jahn kann man Wanderwochen der Alpinschule Innsbruck buchen.

Sprachführer

Griechischkenntnisse sind vorteilhaft, aber nicht notwendig, denn viele Rhodier sprechen sehr gut Englisch. In den besseren Hotels spricht man häufig auch etwas Deutsch. Ein Rhodos-Urlaub ist aber eine gute Gelegenheit, das griechische Alphabet zu lernen. Zu beachten ist, daß viele Worte ganz anders gesprochen werden, als ihre Umschrift in lateinischen Buchstaben denken läßt.

Das griechische Alphabet

groß	klein	Aussprache	Umschrift
A	α	**a**	/ a
B	β	**w**	/ v (w)
Γ	γ	**j** vor I und E, sonst wie weiches **g**	/ g (j, y) / g (gh)
Δ	δ	wie im Engl. ›**th**e‹	/ d (dh)
E	ε	**ä**	/ e (ä)
Z	ζ	**s**	/ z (s)
H	η	**i**	/ i
Θ	θ	wie im Engl. ›**th**anks‹	/ th
I	ι	**i**, vor A wie **j**	/ i (j)
K	κ	**k**	/ k
Λ	λ	**l**	/ l
M	μ	**m**	/ m
N	ν	**n**	/ n
Ξ	ξ	**x**	/ x (ks)
O	ο	wie in ›**o**ft‹	/ o
Π	π	**p**	/ p
P	ρ	**r** gerollt wie im Italienischen	/ r
Σ	σ	wie in ›Ta**ss**e‹	/ s (ss)
T	τ	**t**	/ t
Y	υ	**i**; nach A und E wie **w** vor stimmhaftem Konsonant, wie **f** vor stimmlosem	/ y (i) / w (v) / f (v)
Φ	φ	**f**	/ f (ph)
X	χ	wie in ›i**ch**‹ vor Konsonanten und dunklen Vokalen; wie in ›a**ch**‹ vor hellen Vokalen	/ ch
Ψ	ψ	**ps**	/ ps
Ω	ω	wie in ›**o**ft‹	/ o

Buchstabenkombinationen

AI	αι	**ä**	/ e (ä)
ΓΓ	γγ	**ng**	/ ng
EI	ει	**ie**	/ i
ΜΠ	μπ	**b** im Anlaut **mb** im Wort	/ b / mb
NT	ντ	**d** im Anlaut; **nd** im Wort	/ d / nd (nt)
OI	οι	**i**	/ i
OY	ου	**u**	/ ou (u)
TZ	τξ	**ds**	/ tz (ds)

Nützliche Worte

Guten Tag!	Kalí méra!
Guten Abend!	Kalí spéra!
Gute Nacht!	Kalí níchta!
Hallo! (per du)	Jássu!
Hallo! (per Sie oder mehrere)	Jássas!
Auf Wiedersehen!	Adío!
Bitte!	Parakaló!
Danke!	Efcharistó!
Entschuldigung!	Singnómi!
ja/nein	nä/óchi
Es gefällt mir (nicht)	(den) maréssi
gut/schlecht	kaló/kakó

Die wichtigsten Sätze

Auskünfte

Gibt es...?	échi...?
Wo ist...?	pu íne...?
Wie spät ist es?	ti óra íne?
Wieviel kostet das?	pósso káni aftó?
Was wünschen Sie?	ti théle-te?
Wo ist die Toilette, bitte?	pú íne tualétta parakaló?

Unterkunft

Haben sie ein freies Zimmer?	échete éna eléfthero domátio?
... für eine Nacht	... ja éna vrádi

Unterwegs

Hafen/Schiff	limáni/karáwi
Station/Bus	stathmós/leoforío
Motorrad/Auto	motosikléta/aftokínito
Wann fährt er/es ab?	póte thá féwji?
Wieviel Kilometer bis...?	póssa chiliómetra sto...?
Wo fährt der Bus nach...?	pú féwji tó leoforío já...?
Wann fährt der letzte Bus nach...?	póte féwji tó tleftéo leoforió já...?
Ist das der Weg nach...?	íne aftós ó drómos já...?

Orientierung:

links	aristerá
rechts	deksjá
geradeaus	efthían
hinter, zurück	píso
weit	makría
nah	kondá

Tageszeiten:

Vormittag	proí
Mittag	mésimeri
Nachmittag	apógevma
Abend/Nacht	vrádi/níchta

Im Restaurant:

Speisekarte	katálogos
Rechnung	logarjasmó
Zahlen, bitte	pliróssomá, parakaló
eine Portion	mía merída
zwei Portionen	dío merídes
Wasser	näró
Brot	psomí
mit (ohne) Zucker	mä (chorís) záchari
mit Milch	mä gála

Zahlen: Die Eins zeigt man mit dem Zeigefinger, der Daumen kommt erst für die Fünf hinzu!

1	éna (männl.), mía (weibl.)	40	saránda
		50	penínda
		60	eksínda
2	dío	70	eftomínda
3	tría, tris	80	októnda
4	téssera, tésseris	90	ennenínda
		100	ekató
5	pénde	200	diakósja
6	éksi	300	triakósja
7	eftá	400	tetrakósja
8	októ	500	pendakósja
9	ennéa	600	eksakósja
10	déka	700	eptakósja
11	éndeka	800	oktakósja
12	dódeka	900	ennjakósja
13	dekatría	1000	chílja
14	dekatéssera	2000	dío chiljádes
20	íkossi		
21	íkossi ena	1 Mio.	éna ekatomírrio
30	triánda		

ℹ️ Reise-Service

Auskunft

Fremdenverkehrsämter
... in Deutschland
– 60311 Frankfurt/M.
Neue Mainzer Str. 22
Tel. 069/23 65 62, Fax 23 65 76
– 10789 Berlin,
Wittenbergplatz 3A
Tel. 030/217 62 62, Fax 217 79 65
– 20149 Hamburg, Abteistr. 33
Tel. 040/45 44 98, Fax 44 96 48
– 80333 München, Pacellistr. 2
Tel. 089/22 20 35, Fax 29 70 58
... in Österreich
– 1010 Wien, Opernring 8
Tel. 01/512 13 57, Fax 513 91 89
... in der Schweiz
– 8001 Zürich, Löwenstr. 25,
Tel. 01/221 01 05, Fax 212 05 16

... im Internet
Gute Infos mit weiteren *links* bietet vor allem *www.helios.gr/exr;*
Hotels stellen sich vor unter
www.greekhotel.com;
weitere Infos und *links*:
www.dumontverlag.de
www.rodosnet.gr/

Tourist Information
auf Rhodos
Ein Büro der EOT (Griechische Zentrale für Fremdenverkehr) gibt es nur in Rhodos-Stadt. In den Urlaubsorten übernehmen private Reisebüros diesen Dienst – hier erhält man oft genauere Auskünfte und kann auch Geld wechseln.

Reisezeit

Hochsaison sind die regenlosen Monate Juni bis August, dann kann man bei Wassertemperaturen über 20°C am besten baden. Die Lufttemperatur erreicht aber mittags bis zu 40°C im Schatten, so daß die windigen Strände der Westküste angenehmer sind. Für den, der viel sehen will, sind April und Mai die beste Zeit: Tagsüber ist es schon recht warm; für die kühleren Abende ist ein Pullover nützlich. Im September und Oktober wirkt die Landschaft zwar ausgebrannt, doch das Meer ist noch sommerlich warm. Ab Ende Oktober wird es regnerisch, windig und recht kühl. Bis in den März sind fast alle Tavernen und Hotels geschlossen, erst ab 15. Mai beginnt das berühmt-berüchtigte Nachtleben, das im Juli aber erst so richtig interessant wird. Gleiches gilt auch für fast alle Sportangebote!

Einreise

Bei Fluganreise genügt für Deutsche, Österreicher und Schweizer ein gültiger Personalausweis (auch für Ausflüge in die Türkei), sonst ist der Reisepaß empfehlenswerter. Mit Pässen, die einen Stempel der Türkischen Republik Nordzypern besitzen, kann man Probleme bekommen!

Bei der Einreise mit dem eigenen **Auto** sind der nationale Führerschein und der Kfz-Schein vorzulegen. Die internationale Grüne Versicherungskarte wird empfohlen. **Haustiere** kann man in der Regel nicht mitnehmen, da kaum ein Hotel sie akzeptiert.

Zollbestimmungen: Waren zum persönlichen Gebrauch können EU-Bürger zollfrei mitführen (mehr als 800 Zigaretten, 90 l Wein, 10 l Schnaps sind daher steuerpflichtig). Für Schweizer Bürger gelten jedoch die alten Grenzen: 200 Zigaretten und 1 l Spirituosen über 22% Alkohol.

Anreise

Mit dem Flugzeug

Im Charterverkehr wird der Diagoras Airport von Rhodos zwischen Anfang April und Ende Oktober direkt von vielen Abflughäfen in den deutschsprachigen Ländern angeflogen. Die Flugzeit beträgt ab Berlin etwa 3,5 Std. Linienverbindungen gibt es nur mit Stopover in Athen. Von dort (West-Terminal) fliegt die Olympic Airways 3–4 x tgl., die Air Greece 2 x tgl. nach Rhodos.

Ankunft: Auf die Gepäckausgabe muß man oft ziemlich lange warten! In der Halle kann man aber bei jeder Flugankunft gleich wechseln: am günstigsten bei der Commercial Bank. Unmittelbar daneben gibt es auch einen Automaten zum Wechseln von Geldscheinen. Leihwagen können im Abflugbereich bei mehreren Schaltern gemietet werden.

Weiterfahrt: Der Flughafen liegt ca 17 km von Rhodos-Stadt entfernt. Linienbusse der RODA halten im Ort Paradísi (ca. 5 Min. zu Fuß). Taxis ins Stadtzentrum kosten etwa 20 DM (inkl. Gepäckzuschläge!). Wer einen Leihwagen nimmt, muß bei der Kremastís Bridge rechts fahren, um auf die neue Schnellstraße zur Ostküste zu kommen.

Mit der Fähre

Fährverbindungen von den italienischen Adria-Häfen Venedig, Ancona oder Brindisi führen immer erst nach Piräus/Athen (Auskunft und Buchung im Reisebüro). Von Piräus fahren im Sommer tgl. drei Autofähren nach Rhodos (Fahrplan verschicken die Fremdenver-

kehrsämter, aktueller unter www. gtpnet.com; die Preise liegen wesentlich unter denen der Flüge). Der **Fährhafen** von Rhodos ist der Embóriko-Hafen vor der Altstadt; zu Fuß braucht man 5 Min. zur Busstation an der Néa Agorá.

Unterwegs auf Rhodos

Mit dem Bus

Linienbusse verbinden Rhodos-Stadt mit jedem Ort der Insel; Stadtbusse (s. S. 78) fahren in die Vororte von Rhodos-Stadt. Bis zur Linie Líndos–Theológos sind die Verbindungen sehr häufig, in den Inselsüden jedoch nur 2–5 x tgl.

Linienbusse: Es gibt zwei unterschiedliche Gesellschaften:
– Die weiß-beigen **KTEL-Busse** fahren entlang der Ostküste, aber auch bis hinüber nach Apolakkiá im Südwesten.
– Die blau-weißen **RODA-Busse** fahren entlang der Westküste, jedoch auch nach Kallithéa an der Ostküste.

Zentraler Abfahrtspunkt in Rhodos-Stadt ist die Néa Agorá (Rückseite für RODA, Sound & Light-Park für KTEL). Bezahlt wird im Bus; die Fahrpreise sind relativ günstig: die 55 km lange Fahrt von Rhodos-Stadt nach Líndos kostete 1999 1000 Drs. (ca. 6,10 DM). Die Busse halten auch an den größeren Hotels, bei den Rezeptionen ist meist ein Fahrplan erhältlich.

Mit dem Taxi

Taxis (blau mit weißem Dach) sind in der Stadt und in den Touristenzentren zahlreich zu finden. Sie müssen nach Taxameter fahren, oft sind Festpreise für bestimmte Strecken ausgehängt. Der Haupttaxi-Stand von Rhodos-Stadt liegt vor dem Eleftherías-Tor, in den anderen Orten am Hauptplatz. Taxi-Ruf in Rhodos-Stadt: Tel. 647 12.

Die Gebühren sind vergleichsweise niedrig, werden aber durch allerlei Zuschläge undurchschaubar. So verdoppelt sich der Tarif bei Fahrten von der Stadt nach außerhalb. Reguläre Zuschläge kassiert der Fahrer ebenso für Nachtfahrten, an Feiertagen sowie für Fahrten zum Flughafen oder Hafen und mit Gepäck.

Mit Auto & Motorrad

In der Nordhälfte und an der Küste sind die Straßen gut ausgebaut. Vor allem die Touristenstrecken nach Líndos und Kiotári an der Ostküste, nach Kamíros an der Westküste und die neue, noch in kaum einer Karte verzeichnete Straße vom Ostküsten-Highway zum Flughafen sind dreispurig ausgebaut. Solche Straßen werden übrigens wie vierspurige benutzt: In der Mitte überholt man in beiden Richtungen, die Langsameren fahren dann äußerst rechts. Im Inland gibt es aber noch viele Schotterpisten oder schmale, kurvenreiche Asphaltbänder, auf denen man, vor allem wenn sie naß sind, sehr schnell ins Rutschen kommen kann. Da dies oft unterschätzt wird, sind Unfälle mit ernsten Verletzungen, vor allem bei unzureichend gekleideten Zweiradfahrern, nicht selten.

Leihwagen: werden in allen Touristenzentren an fast jeder Ecke angeboten. Im August sind die Preise am höchsten, in der Nebensaison und für längere Zeiträume erhält man leicht Rabatt. Vollkaskoversicherung (mit Selbstbeteiligung von 50 000 Drs., 300 DM) wird angeboten, deckt jedoch nie Schäden an Reifen und Wagenunterseite ab. Das Mindestalter ist meist 21 Jahre, der Führerschein muß ein Jahr alt sein. Einen Kleinwagen erhält man ab etwa 70 DM/Tag inkl. Steuern und Versicherung.

Mopeds & Motorräder: Roller und vor allem 250er Enduros sind besonders beliebt; man benötigt jedoch den entsprechenden Führerschein. 50-Kubik-Maschinen sollte man jedoch nicht zu zweit fahren, da mit der schwachen Leistung die Unfallgefahr noch größer ist. 250er kosten um 50 DM, Mopeds ab 15 DM. Gerade bei Zweirädern empfiehlt sich eine Probefahrt, da sie vor allem zum Saisonende in schlechtem Zustand sind (auf die Bremsen achten!).

Verkehrsregeln: Innerorts maximal 50 km/h, auf Landstraßen 80 km/h (Motorräder nur 70 km/h), Promillegrenze 0,5. Anschnallpflicht in Pkw, Helmpflicht für Mopedfahrer. Die Bußgelder für Verkehrsverstöße sind drastisch; Falschparken kann 90 DM kosten.

Tankstellen: Häufig an den Küstenstraßen, aber auch in vielen Inlandsdörfern; überall ist bleifreies Benzin erhältlich. Die Preise sind etwa 20 % niedriger als in Deutschland.

Mit Boot & Fähre

Linienfähren starten ab Embóriko-Hafen vor der Altstadt von Rhodos. Tickets bei den Agenturen in der Umgebung der Néa Agorá, etwas teurer direkt an Bord. Aktuelle Fahrpläne beim EOT-Büro an der Makariou.

Ausflugsboote: Ab Mandráki-Hafen von Rhodos tgl. nach Sými, Líndos, Marmaris (Türkei), mehrmals wöchentlich nach Níssiros und Kós. Dazu gibt's zahlreiche Tagestouren zum Fischen, Tauchen oder einfach nur zum Party feiern.

Unterkünfte

Das Angebot ist gewaltig: allein 20 000 Betten werden in Ialyssós und Ixiá vermietet. Deutsche Veranstalter bieten meist die Großhotels von Kallithéa, Faliráki, Kolýmbia und Kiotári an der Ostküste sowie in Ialyssós/Triánda an der Westküste an, obwohl dort kaum griechisches Flair zu finden ist. Mehr Griechenlandgefühl bieten Quartiere in Kremastí, Archángelos und Rhodos-Stadt; die Orte sind aber sehr laut und die Hotels nicht ganz so luxuriös. Unterkunft in Líndos und Rhodos-Altstadt, den quirligsten und schönsten Orten, kann man nur privat vorbuchen, was aber per Fax problemlos zu machen ist. Außer im Juli und August bekommt man auch ohne Reservierungen überall ein Zimmer je nach Geschmack und Geldbeutel. Außerhalb der Saison bieten viele Vermieter weit unter dem offiziellen Tarif liegende Preise an – insbesondere, wenn man länger als drei Nächte bleibt.

Hotels: Die staatlichen Klassifikationen (derzeit Luxus, A bis E, demnächst soll das internationale Sternesystem eingeführt werden) berücksichtigen Zimmergröße, Einrichtung und Zusatzangebote, aber nicht den Erhaltungszustand und Service. Frühstück ist nur in besseren Hotels im Preis inbegriffen, Halbpension bieten meist nur größere Strandhotels.

Pensionen: nennen sich ›Rooms to let‹ und sind zumeist in Rhodos-Altstadt, nur vereinzelt an den Küsten und im Inland zu finden. Die Zimmer sind einfach (oft nur Etagenbad), die Atmosphäre meist aber sehr herzlich. Auf jeden Fall das Zimmer zuerst anschauen (frische Bettwäsche, Mückenschutz).

Studios & Apartments: In den Küstenorten vermieten Privatleute in kleineren Bauten Studios (Zimmer mit Kühlschrank und Kochgelegenheit) und Apartments (zwei Zimmer, sonst wie Studios). Die Preise sind in der Regel günstig, die Lage ruhig – dafür fehlen aber die Angebote einer Großanlage.

Camping: Auf Rhodos gibt es nur einen Campingplatz, eine ältere Anlage, aber mit Pool bei Faliráki nahe der Ladikó-Bucht.

Gesundheit

Schwere Sonnenbrände sind die häufigsten Krankheiten; Cremes mit Schutzfaktor über 15 sind daher dringend empfehlenswert. Bei allen kleineren Malessen berät Sie die Apotheke (Farmakíon, gr. ΦΑΡΜΑΚΕΙΟΝ), häufig durch ein grünes Kreuz gekennzeichnet. Man erhält dort fast alle Medikamente rezeptfrei zu günstigen Preisen. Mo, Di, Do, Fr, 8–13, 17–21 Uhr, Mi, Sa 8–14 Uhr; Notdienst-Adressen hängen jeweils im Fenster aus.

Behinderte

Nur die neueren Top-Hotels sind behindertengerecht gebaut. Ansonsten ist Griechenland ein sehr schwieriges Terrain. Behinderte sind auf jeden Fall immer auf eine Begleitperson angewiesen.

Orte

Alle Sehenswürdigkeiten und Urlaubsorte mit umfassende
praktischen Tips: Hotels zum Verwöhnen lassen oder für still
Robinsonaden, Trips zu schönen Stränden in der Umgebung
Sportadressen für den Aktivurlaub, Edel-Restaurants un
urige Tavernen, die Daten aller wichtigen Feste und ausführ
liche Shopping-Adressen für Rhodos-Stadt – dieser Führer zu

on A-Z

nsel des Sonnengottes Helios gibt Ihnen nützliche Tips und
usgesuchte Adressen an die Hand, damit Ihr Urlaub zum
rlebnis wird! Und wer auf Rhodos Besonderes entdecken
1öchte, sollte sich von den Extra-Touren leiten lassen. Rho-
os in kompakter, überschaubarer Form, für den, der viel
hen und nichts verpassen will.

Alle interessanten Orte und ausgewählte touristische Highlights auf einen Blick – alphabetisch geordnet und anhand der Lage- bzw. Koordinatenangabe problemlos in der großen Extra-Karte zu finden.

Afándou

Lage: G3
Vorwahl: 0241
Einwohner: 5700
Extra-Tour: 2, S. 86

Afándou zählt zu den größeren Orten auf Rhodos – und zugleich zu den modernsten. Das mag einerseits am Tourismus liegen, der den Ort mit seinen zahlreichen Pubs und Tavernen durchaus prägt, vielleicht aber auch an den engen Beziehungen zu Deutschland. Seit den 60er Jahren zogen viele Einwohner ins nordrhein-westfälische Gummersbach, um Arbeit zu finden. Sie (und ihre Kinder) kamen zurück, als der Tourismus boomte und Arbeitsplätze versprach. Heute gibt es nicht nur eine Städtepartnerschaft mit der deutschen Industriestadt, sondern auch einen ›Gummersbacherplatz‹ im Ort. Historisch hat Afándou (auch Afántou geschrieben) der Partnerstadt einiges voraus. Seine Geschichte reicht nämlich mindestens bis in die Römerzeit. Allerdings lag die antike Siedlung in der Strandebene, wo sie im 7. Jh. leichte Beute der arabischen ›Sarazenen‹ wurde. Die Einwohner gründeten daher eine neue Stadt, hinter einem Bergriegel und Olivenhainen vom Meer aus nicht sichtbar. So kam der Ort auch zu seinem Namen: der bedeutet nämlich schlicht ›versteckt‹.

Kirche Ágios Loukas: im Dorfzentrum, Mo–Sa 9–12, 16–18 Uhr.
Die Kirche im typisch rhodischen Stil mit durchbrochenem Glockenturm besitzt ein schönes Chochláki-Mosaik (s. S. 43) im Atrium-Hof. Der Bau stammt ebenso wie die Ausmalung aus italienischer Zeit, ein schönes Beispiel rhodischer Holzschnitzerei ist aber die Ikonostase. Der Priester hat ein kleines ›Heimatmuseum‹ mit Sakralgerät und Kunstgewerbe zusammengetragen, das regelrecht anrührend wirkt.

Panagía Katholikí: an der Straße zum Strand (bei der ›Autobahnbrücke‹), frei zugänglich.
Das kleine Kirchlein ist der einzige Zeuge der antiken Stadt vor der Gründung des ›versteckten‹ Afándou. Sie wurde im 12. Jh. in die Ruine einer viel größeren frühchristlichen Basilika aus dem 5. Jh. hineingebaut. Wie bei vielen anderen Kapellen auf Rhodos ent-

 Sightseeing   Hotels

Museen Restaurants

Baden/Strände Shopping

Sport & Freizeit Nightlife

Ausflüge Feste

Information Verkehr

stand sie als fromme Stiftung, und da das Geld nur für einen kleinen Bau reichte, umfaßte die neue Kirche nur die alte Apsis mit dem Altar und einen Teil des Mittelschiffs, wo noch Reste des Mosaikfußboden erhalten blieben. An der äußeren Seitenwand, an der Seite zur Taverne I Katholiki, erkennt man zwei Säulen, die früher das Mittelschiff vom Seitenschiff abtrennten. Die Fresken im Inneren sind aus dem 16. Jh. Die eingeritzten Schiffe hinterließen Fischer, die ihr Boot unter heiligen Schutz stellen wollten.

 Der kilometerlange **Afándou Beach** ist kieselig, schattenlos und landschaftlich nicht sonderlich aufregend. Auch Wassersportangebote gibt es kaum. Schöner ist es am nahen **Traganoú Beach** Richtung Faliráki oder am **Tsambíka Beach** (s. S. 80).

 Afándou Golf: s. S. 19, Info-Tel. 514 51 und 512 56, oder über Hotel Lippia Golf, Tel. 520 07, Fax 523 67.

 Épta Pigés (s. S. 54), **Psínthos** (s. S. 87) und **Petaloúdes,** das Schmetterlingstal (s. S. 79), sind Ziele, die man leicht als Tagestour erreicht.

 Villa Fleurie: zwischen Golfplatz und Zentrum, Tel. 533 62 und 856 55, moderat. Apartments und Studios in sehr netter kleinerer Anlage mit Pool. Liegt am Berghang zwischen Dorfzentrum und Strand.

Golden Days: an der Hauptstraße am Ortsrand, Tel. 523 02, Fax 523 24, moderat. Untere Mittelklasse in neuerem Bau mit ca. 40 Zimmern, aber relativ ruhig und mit Pool. Eine gute Adresse, wenn man hautnah ein wenig Dorfleben schnuppern will.

Oasis: an der Líndos-Straße, Tel. 517 71, Fax 517 70, teuer. Verglichen mit manch einem Großhotel ist die sehr gut in die Landschaft eingepaßte Anlage schon eine Oase. Zitronen, Orangen, Bananen und Geranien umwuchern den Pool, um den sich zweistöckige Bauten im griechischen Dorfstil gruppieren. Das Restaurant ist nicht schlecht, zum Strand geht man 800 m, und einen Kinderspielplatz gibt es auch.

Lippia Golf Resort: in der Strandebene beim Golfplatz, Tel. 520 07, Fax 523 67, Luxus.

Moderne Nobelanlage, die einen fast vergessen läßt, daß man in Griechenland ist. Der Pool erfüllt fast Olympia-Norm, und wer die Sonne satt hat, kann auch im Hallenbad schwimmen. Empfehlenswertes Haus vor allem für Golfer.

Mimis: an der Hauptstraße Rodos Pernou, 11–15 und ab 18 Uhr.
Eine ›echte‹ Taverne, wo man sich gleich wohlfühlt. Auf der Karte viele Grillgerichte, aber auch einige bäuerliche Schmorgerichte wie etwa Stifádo.

Nostimia-Tasty: Rodos Pernou, 11–15 und ab 18 Uhr.
Das Restaurant mit auf alt getrimmter Bogenarchitektur beweist, daß schickes Ambiente doch nur mit ein wenig Romantik zieht: Hier sind die Tische meist am schnellsten besetzt. Serviert werden Klassiker von Moussaká bis Souvlaki.

Italienisch schlemmen in Afándou

Sergio's Roof Garden an der Dorf-Platía ist ein Ristorante Italiano, wie man es auch in Deutschland schätzen würde. Der Wirt ist witzig und scherzt mit den Kindern, die Pizza ist aus dem Steinofen, und an der Pasta läßt sich nichts aussetzen. Vom offenen Obergeschoß überschaut man das Geschehen im Zentrum. Tgl. ab 18 Uhr.

Gallery Kamara: Rodos Pernou. Unter den Souvenirläden fällt dieser durch künstlerischen Anspruch auf. Von Keramik bis Silber, von modern bis country.
›**Deutsche Bäckerei‹:** nahe der Platía. Man will's kaum glauben: bei Germanikos Fournos gibt es nicht nur perfekte deutsche Nußecken und frischen Apfelkuchen, sondern auch dunkles Vollkornbrot mir Biß.

Bonis Ceramic Factory: an der Líndos-Straße Richtung Kolýmbia. Die Ware zeigt farbige Glasur auf unglasiertem Ton, zum Teil schöne traditionelle Motive.

I Plateia-La Piazza: an der Dorf-Platía bei der Kirche.
Times are changing: Vor fünf Jahren gab's hier nur drei einfache Kafenia. Jetzt hat in jedem Haus dieser Zeile ein Café aufgemacht, und alle haben vier Reihen mit Polsterstühlen rausgestellt. I Piazza (oder so…) ist aber das mit dem nettesten Wirt.

Zacharoplastia Moka: beim Restaurant Nostimia. Zacharoplastia übersetzt sich als Konditorei, und so gibt es hier alles für die süßen Freuden des Lebens: von griechischem Baklava (Pistazien-Gebäck) bis zu italienischem Eis.

Le Metro: Gummersbacherplatz. In einer alten Fischmarkthalle eingerichtete Bar mit aktueller Musik.

Kino Music Club: Gummersbacherplatz, ab 22 Uhr. Kein Kino, sondern eine Disco; hier treffen sich die Dorf-Kids mit den Nachtschwärmern aus den Hotels.

Afándou Internet Café: von der Kirche Richtung Gummersbacherplatz, ab 17 Uhr. Druckservice und E-Mail; www.afic.gr.

Busse: nach Rhodos-Stadt von der Platía 7–20 Uhr

etwa stdl., letzter Bus um 20.30 Uhr; retour dito, letzter Bus gegen 23 Uhr. Einige Busse auf der Líndos-Straße halten auch am Hotel Oasis (etwa 6 x tgl.).

Beach Express: Das blau-weiße Bähnchen (auf Reifen) pendelt in der Saison morgens und abends etwa stündlich zwischen Platía und Strand bzw. Hotelzone.

Motorräder: Marina Rent a Motorbike, an der Hauptstraße Rodos Pernou, Tel. 529 00; vor allem Roller, aber auch Autos.

Archángelos

Lage: F5
Vorwahl: 0244
Einwohner: 5800

Das größte Dorf von Rhodos, das noch hauptsächlich von der Landwirtschaft in der fruchtbaren Ebene im Inland lebt, ist eine typisch griechische Kleinstadt, wie sie auf Rhodos einzigartig ist: hin- und hergerissen zwischen Tradition und Moderne, auf jeden Fall aber keine künstliche Urlaubersiedlung. In den Kneipen sitzen eher griechische Teenies als Touristen – wenn sie nicht gerade auf knatterndem Zweirad durchs Dorf rasen. Doch ist der Ort als Quartier empfehlenswert – wenn man unter Griechen sein will. Da der Ort auf einem Hochplateau über der Küste liegt, fährt man zum Baden über eine Steilstraße runter nach **Stegná** an der Küste. Oder man wohnt gleich dort: ein Luxushotel und einfache Pensionen teilen sich einträchtig die enge Strandebene.

Sonnengereift schmecken sie am besten: rund um Archángelos werden Orangen frisch vom Baum verkauft

zum Vergnügungsviertel geworden ist. Das grelle Weiß der Bauten wird durch blaue und grüne Schmuckbänder und pinkrosa oder gelb bemalte Tore gebrochen. Darüber ragt der filigran durchbrochene Glockenturm der Pfarrkirche auf, deren Innenhof ein schönes Mosaik aus schwarzen und weißen Kieseln ziert. Solche Böden werden *chochláki* genannt und sind auch in der Hausarchitektur (am schönsten in Líndos) typisch für Rhodos.

Altstadt: Berühmt ist Archángelos wegen seiner traditionellen ›weißen‹ Altstadt, die hier jedoch nicht (wie in Líndos)

Kastell: Über dem weißen Häuserrund thront eine Burg der Johanniter, die 1467 unter dem Großmeister Orsini fertiggestellt wurde. Innerhalb der Mauern ist nicht viel zu sehen, doch lohnt der Aufstieg wegen der weiten Aussicht. Das Wort Ochi (OXI, deutsch Nein) in riesigen weißen Lettern wurde während der Militärdiktatur angemalt.

Kirche Agií Theódori: Direkt an der Líndos-Straße, etwa 2 km südlich, frei zugänglich. Die äußerlich unscheinbare Kapelle enthält kunstgeschichtlich bedeutende Fresken im spätbyzantinischen Stil (um 1375). Unter den fast lebensgroßen Heiligenfiguren erkennt man den hageren Nikolaus sowie Kaiser Konstantin und seine Mutter Helena mit dem Kreuz Christi, das Helena in Jerusalem wiedergefunden hat. Auffällig auch der hl. Onouphrios, der nackte Einsiedler, der seine Blöße mit dem langen Bart bedeckt.

Der **Stegná Beach** ist schön, schöner noch aber ist der **Agia Agathí Beach** bei Charáki (s. S. 35) oder der **Tsambíka Beach** (s. S. 80), die man mit dem Moped in jeweils ca. 15 Min. erreicht.

Wassersport (Banana, Surfen) über das Hotel Porto Agneli Calimera; am Animationssport können jedoch nur Hotelgäste teilnehmen.

Malóna (F5): Während Archángelos auf der Hochebene von dichten Olivenhainen umgeben ist, versteckt sich das nur 6 km entfernte Dorf Malóna in der Küstenbene hinter einem Wald von Orangenbäumen. Zur Ernte werden die Früchte an der Líndos-Straße verkauft, doch lohnt auch ein Abstecher in das stille Örtchen, in das man über eine wunderbare Zypressenallee mit einer kuriosen Ampelschal-

tung kommt. Es gibt schöne alte Häuser vom Anfang des 20. Jh., und vorm Kafénio Xenychtin verbummeln die Männer ihre Zeit. Abends bietet das Restaurant Malona Garden neben dem Rathaus einfache Bauernspezialitäten.

Másari (F5): Im lebhafteren Nachbardorf von Malóna sieht man schon mehr Neubauten, darunter auch Hotels wie die Pension Iris von Tsambikos Giannekis (Tel. 512 88 oder 511 24), ein sauberes, weißes, dreistöckiges Gebäude an der Straße Richtung Malóna. Hier kann man sich in einfachen Studios mit Kühlschrank und Kochgelegenheit einmieten, um den ruhigen Dorfalltag kennenzulernen.

Kloster Moní Kamiroú (E5): An der Haupt-Platía von Másari mit dem achteckigen Brunnen beginnt die gewundene alte Straße nach Líndos, von der hinter einem ausgetrockneten Flußbett des Gadourás eine Schotterstraße zum Moní Kamiroú abzweigt. Das Kloster besitzt einen hübschen Hof mit Weinranken und einer mächtigen Zypresse. Die Fresken der Kirche sind eher jüngeren Datums und die Ikonostase ist vor allem deshalb bemerkenswert, weil sie außergewöhnlich bunt bemalt ist.

Antonio Travel: an der zentralen Kreuzung in Archángelos, Tel. 228 32. Bietet verschiedene Insel-Touren, fungiert aber auch als Info-Büro und Wechselstube.

... in Archángelos
Filia: beim Restaurant Tsiniki von der Hauptstraße abbiegen, Tel. 226 04, moderat. Ca. 15 moderne Zimmer in kleinem Bau der unteren Mittelklasse mit Pool, beliebt vor allem bei

Hier kann man die Seele baumeln lassen: am Stegná Beach

Holländern. Familiäre Atmosphäre, der Wirt spricht etwas Deutsch.
Semina Aparts: in ruhiger Wohngegend, 300 m vom Zentrum, Tel. 222 10, Fax 232 36, moderat. Gepflegtes Mittelklassehaus mit 80 Betten in Studios und Apartments, alle mit Balkon, dazu ein kleiner Pool.

... am Stegná Beach
Haroula: am Strand etwas zurückversetzt, Tel. 240 36 oder 228 36, günstig.
Einfache Apartments, gut für die Familie mit Kleinkind. Mit freundlicher Wirtin und Familienanschluß im schattigen Garten.
Afroditis: Info-Kiosk kurz hinter dem kleinen Hafen, Tel. 227 03 und 239 95, günstig/moderat.
Vermittlung von sehr einfachen Zimmern direkt am Strand, aber auch von Apartments und Studios in neueren Häusern in der Strandebene.
Sergios Aparts: am hinteren (und schönsten) Strandabschnitt, Tel. 222 44 oder 241 24, Fax 221 94, moderat.
Gut ausgestattete Studioanlage mit AC und Telefon. Moderner Bau mit 8 Zimmern, alle mit Meerblick und Balkon.

Porto Agneli Calimera: am Ende der Strandstraße direkt am Meer, Tel. 240 01, Fax 221 21, Luxus.
Sport- und Aktiv-Hotel unter deutscher Leitung mit Zimmern (26 000 Drs.) und Bungalows (32 000 Drs.). Bei längerer Belegung kann man aber handeln; pauschal ist es sowieso günstiger. Gespart wurde hier nicht, weder am Pool (riesig), noch an den Importpalmen (üppig), aber auch das Sportangebot ist »einsame Spitze« (sagt der Prospekt): Surfen, Tauchen, Bogenschießen, Beach-Volleyball oder Jazz Dance...

... in Archángelos
Taverne Mavrios: nahe der Post. Noch ganz traditionelle Grill-Taverne, wo nachmittags die Männer Távli spielen und abends bei einem Souvlaki stundenlang plaudern.
Taverne Tsiniki: kurz vor der Gabelung der Hauptstraße. Kleine, bei Touristen beliebte Taverne unter Bäumen mit guten Traditionsgerichten.
Afentika: an der Straße zur Post hinter der Amadeus Bar. Sehr schön eingerichtete Taverne in einem weißen Altstadt-Innenhof.

33

Serviert werden typische Bauern-spezialitäten.

... am Stegná Beach

Dimitris: an der Zufahrtsstraße kurz vor dem Strand. Familien-Ta-verne in alter Tradition. Großvater Dimitris hat sein Boot in den Hof gestellt und plaudert jetzt gern mit den Gästen (er spricht etwas deutsch). Serviert wird schmack-hafte Hausmannskost, zubereitet von der Tochter des Hauses.

Gregoris: am Strand kurz vor dem Calimera-Hotel. 1908 ge-gründet, seitdem immer wieder erweitert: Heute hat es den sicher-lich längsten Grill Griechenlands (das ›Mäuerchen‹ zur Straße). Die erste Adresse am Strand, mit riesi-ger weinüberrankter Terrasse und großem Angebot.

Keramik: Archángelos war früher ein Zentrum der Töp-ferei und der Teppichweberei. Ge-blieben sind von diesen Traditio-nen nur die großen ›Keramikfabri-ken‹ an der Líndos-Straße, die bis hoch nach Kolýmbia und Afándou (s. auch dort) zu finden sind.

Kostas Keramics: Richtung Tsam-bíka. Verschiedene Produktlinien von brauner buntgemusterter über blaue bis weiße Ware.

Die **Web- und Strickarbeiten**, die im Dorf angeboten werden, kommen jedoch überwiegend aus Nordgriechenland.

Cafe 1900: an der Straße zur Post. Kleine Bar in renovier-tem Altstadthaus. Später am Abend wird es hier discomäßig laut: daher mußte die unschöne, aber schalldichte neue Tür her.

Vavel Bar: an der Hauptstraße schräg gegenüber Taverne Tsiniki. In einem Traditionshaus mit histo-rischen Einrichtungstücken. Be-liebter Treffpunkt der Jugend.

Internet Café: kurz hinter Taver-ne Tsiniki. Früher die Disco von Ar-chángelos; aber Games und Chats sind wohl ein lukrativeres Ge-schäft, wo noch in kaum einem Privathaushalt ein PC steht.

Busse: nach Rhodos-Stadt zwischen 6 und 18.30 Uhr ca. alle 45 Min., retour dito, letz-ter Bus gegen 21 Uhr; nach Líndos etwa ab 7 Uhr alle 30 Min., ab 13 Uhr ca. alle 45 Min., letzter Bus gegen 18 Uhr, retour dito.

Leihwagen: über Antonio Travel oder Hotel Porto Agneli Calimera.

Charáki

Lage: F5
Vorwahl: 0244

Charáki (auch Haráki geschrieben) war früher der Hafen von Malóna; heute ist hier eine kleine, ruhige und durchaus exklusive Urlaubs-siedlung ohne ein einziges Groß-hotel entstanden. Entlang dem schönen Feinkieselstrand säumt eine Reihe hübscher Studio-Häu-sern die Uferpromenade: Geht man vorne raus, steht man am Strand, geht man hinten raus, ist man aus dem Ort fast schon wie-der heraus.

Kastell Feráklos: Die Burg auf der Felszinne nördlich von Charáki war einst die größte Johanniterfestung der Insel nach Rhodos-Stadt. Selbst nach der tür-kischen Eroberung 1522 konnte sich hier noch ein kleines Kontin-gent einige Monate lang halten. Nur die äußeren Mauern und eini-ge Türme blieben erhalten, doch lohnt der Aufstieg (Pfad von der Straße zum Agía Agathí Beach) wegen der Aussicht.

An der Küste aalt man sich am Strand, im Inland aber muß man auf die Felder

Agía Agathí Beach: Nördlich vom Feraklós-Kastell erstreckt sich ein feiner flacher Sandstrand, der zwar nicht mehr als Geheimtip gelten kann, doch noch relativ wenig überlaufen ist. Am Wochenende wird's aber voll, dann fahren die Leute aus Rhodos-Stadt hierher. Den Namen hat der Strand von der weiß-blauen Höhlenkirche Agía Agathí aus dem 12. Jh., die im Hang der nördlichen Buchtseite liegt. Die Betonfundamente hingegen sind ein Relikt aus der Zeit der Militärjunta: damals sollte hier eine Erholungsanlage für Offiziere gebaut werden…

Heliousa Travel: an der Zufahrt zum Strand, gleich neben der kleinen Fischerkapelle, 9–13, 17–21 Uhr, Tel. 518 57, Fax 518 41. Touren und Ausflüge, aber auch Zimmervermittlung.

Charaki Bay: nördliche Buchtseite, Tel. 516 80, Fax 516 82, moderat. Ein Neubau der unteren Mittelklasse, aber freundlich geführt, gut eingerichtet und mit Restaurant. Daß ein Pool fehlt, macht angesichts des Strands gleich vor dem Haus überhaupt nichts.

Studios Mike: ganz am Nordende der Bucht, Tel. 510 31 und 510 30, in Rhodos 0241/639 48, moderat.
Großzügige Zimmer, alle mit Kochgelegenheit. Sehr ruhig gelegen, da weit von den Bars an der vorderen Promenade entfernt.

Thalassa: an der Uferpromenade rechts. Zuerst sieht es aus wie eine einfache Strandbude im typischen Inselstil. Wenn dann der griechische Salat kommt, stutzt man schon, denn den bekommt man auch bei Mövenpick kaum besser. Die Rechnung sollte man dann nicht ganz genau umrechnen.

Argo: am Südende der Bucht. Ein markanter Rundbau mit schattiger Balustrade und schönem Blick über die Bucht zum Kastell. Vor allem wird hier Fisch serviert; Spezialität ist Oktopus vom Grill.

Grill House: an der Uferpromenade links. Sehr hübsche moderne Frühstücksbar in knallbuntem, fast waschechten 60er-Jahre-Design.

Busse: nach Rhodos-Stadt gegen 8, 11 und 17 Uhr, retour nur gegen 10 und 14.30 Uhr; die Líndos-Busse halten aber am Abzweig (noch ca. 3 km).

Leihmopeds: Theo Rent a Motor, Tel. 516 59, oder Haraki Rent a Car, Tel. 510 63, beide vermieten vor allem Roller, aber auch Kleinwagen.

Émbona

Lage: C4
Vorwahl: 0246
Einwohner: 1250
Extra-Tour: 3, S. 88

Das relative große Bergdorf unter dem mächtigen, grauen Buckel des 1215 m hohen Attávyros gilt als Weinstadt von Rhodos und gehört ins Standardprogramm der Inselrundfahrten. So haben manche Tavernen hier eine Größe, die locker für eine halbe Kompanie reichen würde. Hauptziel dieses Besucherstroms ist die moderne Fabrik des Weinherstellers Emery. Aber auch ein Bummel in die ruhigeren Ecken des Dorfs, das hinter der touristischen Fassade noch viel Ursprüngliches bewahrt hat, lohnt immer noch.

Emery Winery: am Ortsausgang Richtung Salakos, Mo–Fr, 9–15, Juli–Aug. 9–16.30 Uhr, Tel. 412 08. Gruppen wird die Produktion erklärt, danach ist Verkostung mit Verkauf. Wer allein anreist, sollte sich einer Gruppe anschließen.

Attávyros-Besteigung: Es gibt einen Pfad auf den Gipfel, der aber viel Erfahrung erfordert. Auf jeden Fall viel Wasser mitnehmen und beim ersten Sonnenstrahl losgehen. Den Pfad läßt man sich von einem Einheimischen zeigen, mit dem man auch eine Rückmeldezeit vereinbaren sollte – falls etwas schiefgeht.

Glyfáda (B5): Ein Abstecher tief hinunter zur Bucht von Glyfáda lohnt eigentlich nur, wenn man in den beiden einsamen Fischerrestaurants, einem Geheimtip unter Rhodiern, essen will. Man braucht gut 20 Min. auf gerölliger Piste.

Siánna (B6): Auch in diesem Dorf (13 km südlich) werden traditionelle Produkte verkauft (Extra-Tour 3, S. 88). Alle Tavernen gruppieren sich um die große Kirche mit der aufgemalten Uhr, die hinunter in die Ebene zum Apolakkiá-Stausee blickt. Da Siánna an der Hauptstraße liegt, herrscht hier immer reges Treiben.

Monólithos (A6): Weniger der gleichnamige Streuweiler mit der Taverne Christos Corner lohnt den Abstecher, als vielmehr die Burg Monólithos, die dramatisch auf einer Felszacke über der Küste thront. Sie war eine wichtige Signalstation der Johanniter-Ritter, die über eine Kette solcher Stützpunkte Nachrichten bis hoch zur ihrer Burg im heute türkischen Bodrum senden konnten. Neben den Außenmauern blieb eine kleine Kapelle erhalten, die strahlend weiß den Akzent in der Szenerie setzt.

Kap Foúrni (A6): Die Küste unterhalb von Monólithos besitzt einen der schönsten Strände der Insel – und blieb doch ganz einsam. Das Fundament für eine Snack Bar war schon gegossen, doch lohnte es wohl nicht. So steht man am Strand wie weiland Robinson: wo gibt es das auf Rhodos noch?

Wahrlich uneinnehmbar: die Johanniterburg Monólithos

Vassilia rooms to let: am Ortsrand Richtung West-küstenstraße, Tel. 0246/412 35, günstig.
Einfache Zimmer und Studios in einem Neubau, mit Restaurant. Aber auch viele Tavernen im Dorf vermieten Zimmer.

Alonia Taverna: am Weg zur Emery-Kellerei. Die Ter-rasse ist ganz hübsch und wirkt fast ein bißchen spanisch, auf der Karte finden sich die üblichen Klassiker. Und das Beste ist, daß hier keine Busladungen von Aus-flüglern abgespeist werden.

›Hand made‹: In zahlreichen Läden und Büdchen werden Stick- und Webarbeiten verkauft. Doch Achtung: Fast immer ist die Anpreisung ›hand made‹ nur inso-weit berechtigt, als daß das Preis-schild von Hand aufgeklebt wurde. Der große Neubau-Laden von Vivi Koutroulis neben der Ta-verne Alonia verkauft jedoch auch schöne handgearbeitete Wand-teppiche mit traditionellen und modernen Motiven. Sie sind in einer Wollsticktechnik gefertigt, die man *alisidovelonia* nennt.

Busse: von Rhodos 1x tgl. gegen 6 Uhr, 2 x tgl. am frühen Nachmittag, retour 1 x tgl. um 6, 1 x gegen 14.30 Uhr.

Faliráki

Lage: H2/3
Vorwahl: 0241
Einwohner: 3250 (mit Kalythiés)
Extra-Tour: 2, S. 86

Wo vor 20 Jahren nur Fischerkaten am winzigen Hafen standen, brei-tet sich nun der größte Urlaubsort von Rhodos aus: Faliráki, das sich selbst ›The Action Resort‹ nennt, ist die erfolgreichste Kunstschöp-fung des Tourismus der Insel: Sport jeglicher Art, Discos en masse. Wer es bunt und laut möchte, ist im Zentrum rund um die ›Barmeile‹ gut aufgehoben, weiter außerhalb gibt es aber auch noch ruhigere Ecken. Mitten im Nightlife-Trubel wohnen zwar vor allem Engländer (Deutsche kon-zentrieren sich im Luxus-Hotelvier-tel im Norden), doch findet man im Zentrum außer im August immer ein Zimmer für den sponta-nen Disco-Trip.

Faliráki Beach: Der Hauptstrand ist sandig, ewig lang und fällt kinderfreundlich flach ab. Für Wassersport ist gesorgt. Ein Wermutstropfen: Im Hochsommer wird es hier unerträglich heiß.

Ladikó Bay: Kleine Bucht im Süden zwischen Felsen. Wer so weit geht, badet am besten gleich an der

Anthony Quinn Bay: Das idyllischste Plätzchen in Faliráki. Man liegt auf Feinkiesel oder Felsenplateaus, Riffe im Meer bieten ideale Plätze zum Schnorcheln.

Thérmes Kallithéa s. S. 48.

Wassersport:
Gabriel's: bei Taverne Dimitra, als Clou: High Speed Ringo (s. S. 18)!

Theo's: beim Hotel Apollo Beach, Tel. 093-63 64 05, Wasserski, Paragliding.

Catamaran Sailing: beim Hotel Calypso, wie das Team verspricht, lernt man es in 20 Min.

Overschmidt International: beim Hotel Colossos Beach, Surf- und Segelkurse.

Mountainbikes: Hellas Bike Travel, nahe dem Ampelabzweig nach Kalythiés und im Grecotel Rodos Royal, Tel. 867 77, geführte Touren.

Gocart Bahn: Polidorou, tgl. 10–18 Uhr.

Faliráki Sports Club: Agisandrou, tgl. ab 14 Uhr. Bodybuilding am Pool mit BritPop.

Bungee: Die Aquarius Pool Bar am Strand ist Treffpunkt der Schönen und Sportlichen, ab 15. Mai kann man dort vom Kran in den Pool jumpen. In der Hochsaison auch ein höherer Kran am Strand vor dem Hauptplatz. Nicht so viel Mut braucht man für die Sling Shot-Schaukel in der zweiten Reihe hinter dem Aquarius.

Kloster Profítis Ammós: am Ende der Straße Prof. Ammou. Blitzweiße, terrassenförmig angelegte Klosteranlage mit Snackbar und vielen freilaufenden Pfauen. Schöne Fotomotive, die kleine Wanderung lohnt sich!

Kalythiés (G3): Das alte Dorf 3 km im Inland scheint vom Tourismus noch kaum berührt. Morgens bieten die Läden pittoreske Szenen, in den beiden Kafénia Omonia und Serafino am Hauptplatz beobachtet man das geruhsame Dorfleben. Abends trinkt man in der Vikings Bar einen Sundowner und kann dann im Internet-Cafe Kaik versuchen, den lieben Daheimgebliebenen ein Mail zukommen zu lassen.

Afándou s. S. 28, **Thérmes Kallithéa** s. S. 48, **Épta Pigés** s. S. 54, **Tsambíka Beach** s. S. 80.

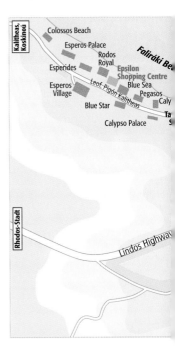

Dimitra Travel:
Anfang der ›Bar-Straße‹,
Tel. 861 40, Fax 852 54.
Was immer man in Faliráki machen kann, Dimitra weiß Bescheid.
Geldwechsel und Ausflüge.

 Die in deutschen Katalogen
angebotenen Großhotels
wie Esperos Palace, Colossos
Beach oder Rodos Royal stehen bis
zu 5 km nördlich des Zentrums.
Edelweiß: an der ›Bar-Straße‹,
Tel. 853 05, Fax 859 44, günstig.
Einfaches Hotel mitten im Zentrum der Disco Pubs, daher die
beste Adresse für alle, die bis morgens früh abfeiern wollen. Vorher
findet man hier sowieso keine
Ruhe.
Lido: Posidonou, Tel. 852 26,
günstig/moderat.
Stammt noch aus den Anfängen
des Faliráki-Tourismus. Toll gelegen direkt am ruhigen Südstrand;
Zimmer mit Bad, 1999 umfassend
renoviert. Für einfache Strandferien eine gute Alternative.
Evi: Prof. Ammou, Tel. 855 86,
Fax 856 33, moderat/teuer.
Mittelgroße Anlage, beliebt bei
jungen Leuten. Mit schön großem
Pool und Tennis. Die Zimmer sind
etwas klein, es gibt aber auch Familienzimmer. Ins Zentrum geht
man ca. 8 Min.
Mouses: Apollonou, Tel. 853 03,
Fax 856 25, teuer.
Gut ausgestattete Anlage nahe
dem Südstrand und dem Zentrum,
das Haupthaus im Stil eines griechischen Landhauses. Mit Pool
und schönem Garten.
Apollo Beach: am Ortsstrand,
200 m vom Zentrum, Tel. 855 13,
Fax 858 23, teuer.

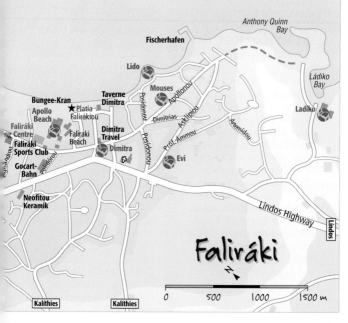

Gehobene Mittelklasse, sehr zentral gelegen. Die üblichen Annehmlichkeiten zwischen Pool, Abendbüffet und sonstiger Rundumversorgung; dazu Sportanimation mit Aerobic-Stunden.

Ladiko: direkt über der Ladikó-Bucht, 3 km von Faliráki, Tel. 855 36, Fax 855 60, teuer. Hübsche ruhige Bungalow-Anlage in schönem Garten. Daß ein Pool fehlt, macht nichts, denn zu den schönsten Buchten von Faliráki geht man nur Minuten.

Dimitra: rechts der Platía Falirakiou, dem Hauptplatz. Sehr schön im Dorfstil mit großer Auswahl – hier ißt man nicht sehr authentisch, aber ebenso gut wie beim Griechen zu Hause. Witzig ist die ausgehängte Speisekarte mit den Preisen von 1953, als die Karaffe (!) Ouzo noch 2,80 Drachmen kostete.

Spanferkel in Faliráki

Das Restaurant heißt Schweinesepp und ist durchaus nicht die grausigste Kulturverirrung auf Rhodos, sondern eine gute Adresse für alle, die deftige Küche lieben. Bei gutem Service kredenzt man alles, was auf die riesigen Grills paßt, im Fenster dreht sich das Spanferkel. Richtige deutsche Küche gibt's aber (leider?) nicht. Leof. Kallitheás, tgl. ab 18 Uhr

---

Greco's Taverna: gegenüber vom Dimitra. Das feinste Restaurant am Platz. Den Hummer bekommt man hier für wohlfeile 15 000 Drs.

Palm Beach Roof Top: an der ›Barstraße‹. Unten ein Pub, oben eine Pizzeria mit schöner Dachterrasse – dort hat man alles und jeden im Blick.

Nefeli: an der Hauptstraße nahe Hotel Apollo Beach. Hier kann man Griechenland völlig vergessen. Ambiente im Country Style, das Essen eher international. Für die ausgesucht hübschen Trockenblumen an der Wand bezahlt man aber etwas mehr.

Sotiris: am Beginn der Hotelzone vor dem Hotel Calypso. Einfache Strand-Taverne mit nettem Service. Das Essen ist nichts Besonderes, doch tgl. Live-Musik.

Sportswear, Markenjeans, Urlaubsfummel, Swimwear…, an der ›Barstraße‹ ist die Auswahl riesengroß.

Shopping Centre: Während das Faliraki Centre 1999 noch im Aufbau war, gilt das **Epsilon** in der Hotelzone als beste Adresse für hochwertige Waren (Goldschmuck, Mode, aber auch Souvenirs).

Neofitou Keramik: an der Líndos-Straße, typisch rhodische Teller und Vasen. Schön bis kitschig, aber ein gutes Souvenir.

Atlantis: Odos Afroditis, hinter Dionysos Restaurant am Faliráki Square. Eine Bar im griechischen Traditionsstil; open-air, aber windgeschützt. Man verspricht Coffee, Cocktails & Music; und das alles in relativ ruhigem Rahmen.

Gelateria Da Georgio: an der Barstraße. Italienisches Eis und französische Crêpes.

Jimmy's Pub: an der Barstraße.

Wenn es Abend wird in Faliráki… kommt die Stunde der Nachtschwärmer

Beliebt bei trinkfesten Engländern, man serviert Becks und Guinness.
Tokyo Joes Bar: Leof. Kallitheás. Music Bar mit mehr englischen Biersorten, als man probieren könnte (oder sollte). Die Musik machen DJs aus England.
Tartan Arms: Leof. Kallitheás. Zumindest hinter dem Tresen ist alles echt schottisch: das Bier, der Whiskey – und die Kilts der Jungs vom Service (manchmal).
Ziggy's & Charly's Music Bar: am Hauptplatz. Erste Wahl als Treffpunkt und zur Einstimmung auf die lange Disco-Nacht. Etwas feiner als die Pubs an der Barstraße.
Clubs: Sting, Q Club, Reflections, Extreme… so heißen einige der angesagten Tanzadressen. Wo und wann 2000 am meisten los ist, erfragt man am besten jeweils aktuell.
Millennium: im Faliraki Shopping Centre. Groß-Disco mit modernster Lasershow, man spielt Mainstream zum Abtanzen (70er Jahre Disco-Sound bis Techno und Funk). Eintritt frei bis 0.30 Uhr.

Busse: ab Platía Falirakiou nach Rhodos-Stadt vormittags alle 30 Min., ab Mittag bis 21 Uhr stdl., letzter Bus um 22.30 Uhr; retour im selben Rhythmus, letzter Bus gegen 23 Uhr. Nach Líndos 9.20–15.20 Uhr alle 30 Min., danach bis 18.20 Uhr alle 90 Min.; zurück alle 30 Min., letzter Bus gegen 18 Uhr.
Boote: ab Fischerhafen tgl. Touren nach Ladiko & Traganou mit der Marco Polo (Tel. 86495). Di, Do, So 9.30 Uhr ein Boot nach Líndos, Info bei Dimitra Travel.
Mietwagen: Rodos Cars, beim Hotel Calypso, Tel. 854 55, Fax 472 10; Jannis Rent a Motorbike, am Hauptabzweig von der Líndos-Straße, Tel. 850 64.

Gennádi

Lage: D8
Vorwahl: 0244
Einwohner: ca. 400
Extra-Tour: 4, S. 90

Gennádi ist ein kleiner Badeort (der südlichste an der Ostküste), der in den letzten Jahren zwar stark gewachsen ist, doch dabei noch sehr ruhig blieb. Und so, wie viele andere rhodische Dörfer: aufgegebene Alt-Häuser, die als Ruinen zwischen den neuen Betonbauten stehen. Am Ortsrand sind viele Apartmenthäuser entstanden, die vor allem über englische Veranstalter vermarktet werden. Während abends in den Bars am Hauptplatz die Dorfjugend noch etwas für Stimmung sorgt, sind die Tavernen am etwa 1,5 km entfernten Strand schon geschlossen. Fazit: Wer einen ganz ruhigen Urlaub sucht, ist hier richtig.

 Dennis' Beach Studios: am Strand Richtung Kattaviá, Tel./Fax 433 95, im Winter in Athen 01/582 29 76, günstig. Einfache Studios unter freundlich-familiärem Management, sehr ruhig abseits der Strandtavernen gelegen, aber nah am Meer.

Golden Sun Rise: am südlichen Ortsrand, etwa 800 m zum Strand, Tel. 430 03, moderat. Der kleinere Neubau war einmal als Pauschalunterkunft geplant, doch das scheint sich nun zerschlagen zu haben. Das Haus ist jetzt etwas desolat geführt, bietet für den Preis aber gute Qualität.

Ambelia Beach: an der nördlichen Strandseite, hinter Thalassa Taverna, Tel. 434 28, moderat. Das Haus wird noch in der A-Kategorie geführt, hat aber schon mal bessere Tage gesehen. Mit Pool und nah zum Strand, wo Sonnenschirme verliehen werden.

Villa Maria: am nördlichen Rand des alten Ortskerns, kurz vor der Polizeistation, Tel. 0931/57 28 55 in Deutschland, moderat. Ein altes Traditionshaus, umgebaut zu einer Ferienwohnung, mit kleinem Hof unter Bougainvillea, in einer ganz stillen Ecke gelegen. Viel Flair, für ruhige Tage mitten im Dorf eine tolle Sache.

Klimis Taverna: am Strand. Die erste Taverne hier, als es Thalassa und das futuristische Blue Waves noch nicht gab. Seither zwar mehrfach erweitert, aber immer noch mit dem nonchalanten Flair der frühen Jahre. Auch die Küche blieb traditionell: Strandklassiker nach alter Hausmannssitte.

Mama's Restaurant: in der Ortsmitte. Bei Touristen abends das beliebteste. Man serviert Pizza und Fleisch vom Holzkohlengrill. Spezialität sind Tyro Keftédes, fritierte Käsebällchen mit Kräutern: eine leckere, doch sehr sättigende Vorspeise.

Club Agenda: unterhalb der Hauptgasse in der Ortsmitte. Mit gutem Willen kann man es als Disco bezeichnen, wenn genug Leute kämen. So ist es halt eine Bar mit lauten Hits – wer will, kann in Ruhe tanzen.

Antika: an der Hauptschlendergasse. Eine nicht allzu laute Bar in einem hübschen Traditionshaus.

Busse: nach Rhodos-Stadt vormittags ab ca. 8 Uhr 4 x tgl., nachmittags 3 x tgl., retour 2 x morgens, 2 x mittags, letzter Bus gegen 18 Uhr ab Rhodos-Stadt, ab Líndos gegen 19 Uhr.

Leihwagen: Dimitris Rent a Car, Tel. 430 64

Ialyssós & Ixiá (Triánda)

Lage: G1
Vorwahl: 0241
Einwohner: 7200

Ixiá und Ialyssós, an der Westküste nur wenige Kilometer südlich von Rhodos-Stadt gelegen, werden heute fast als Vororte der Hauptstadt gehandelt. Hier begann der Strand-Tourismus auf der Insel, und hier steht heute die größte geschlossene Hotelzone von Rhodos. Während Ialyssós den Namen der antiken Stadt weiterträgt, rührt die ebenfalls noch geläufige Bezeichnung Triánda aus dem 19. Jh. her. Damals bauten sich reiche Griechen und Europäer an der Küste Sommervillen – 30 sollen es gewesen sein, und genau das bedeutet Triánda auf Griechisch. An der Küstenstraße sieht man diese Villen im wunderbaren klassizistischen Stil noch, doch an den meisten nagt schon arg der Zahn der Zeit. Ein berühmtes Ausflugsziel ist der Filérimos-Berg, auf dem die Akropolis des antiken Ialyssós lag.

Kirche Kímissis tís Theotókou: im Zentrum von Ialyssós, vormittags geöffnet. Die Maria Himmelfahrt geweihte Pfarrkirche entspricht mit ihrem durchbrochenen Glockenturm und dem aus Meerkieseln angelegten Chochláki-Bodenmosaik im Vorhof dem typischen Muster rhodischer Kirchen. Im Inneren zeigt die moderne Ausmalung dieselben Szenen, wie man sie in den byzantinischen Bauten findet. Kurios ist die fast filigran im typischen Dodekanes-Stil geschnitzte Ikonostase, die Bilderwand, die den hinteren Altarraum abschließt: Die Konsolen tragen Seepferdchen mit barbusigen Meerjungfrauen. Die Ikonen sind mit kostbaren Okladverkleidungen in Silber geschützt, nur die Gesichter bleiben frei. Typisch für Rhodos sind auch die Fenster mit gelb, grün und blau gefärbtem Glas wie bei den Kapitänshäusern in Líndos.

Moní Trís: an der Straße nach Pastída, 2 km. Ein heute verlassenes

Kirche auf den Fundamenten des antiken Zeus-Tempels von Ialyssós: Kloster Filérimos

Kloster um eine sehr alte Einraumkapelle. Das meiste ist modern, seitlich liegen die Zellentrakte der Mönche. In der Kapelle sind uralte Fresken erhalten: zwei überlebensgroße Erzengel, darunter Georg der Drachentöter und Christus als Pantokrator.

Ialyssós Beach: Gewiß nicht der schönste Strand von Rhodos, zudem kann der auflandige Wind ziemlich kräftig werden. Surfer finden das aber toll, und im Sommer muß man hier nicht so schmoren wie an der Ostküste.

Windsurfen: F2 Pro Centre, Tel. 958 19, Fax 956 88, mit

mehreren Stationen: eine zwischen Golden Beach und Blue Horizon, eine vor der Windmill Cafeteria, eine vor dem Olympic Palace in Ixiá. Kurse und Board-Verleih.

Adonis Fitness Centre: kurz hinter dem südlichen Ortsausgang von Ialyssós, Tel. 947 86. Aerobic, Sauna, Basketball, Beach Volleyball, Swimmingpool – und das alles in einer der 30 Villen, die sehr schön restauriert wurde.

Filérimos: vom Ortszentrum 5 km; Ausgrabungsstätte Di–Fr 8–20 Uhr, Sa, So und Mo 8–15 Uhr (keine Shorts!). Der Kreuzweg ist immer zugänglich, eine Taverne vorhanden.

Das antike Ialyssós war eine der berühmtesten Städte der griechischen Welt: Hier wurde der mehrfache Olympia-Sieger Dorieos geboren, den der Dichter Pindar pries und der der politische Kopf der Gründung von Rhodos war. Von dieser Zeit zeugen Fundamente eines **Zeus-Tempels** vor dem Kloster, das die Johanniter errichteten. Auch das kreuzförmige Taufbecken einer frühchristlichen Kirche blieb erhalten. Unter den heutigen Bauten, alles Rekonstruktionen der Italiener, beeindruckt vor allem die **Klosterkirche.** Deren Fassade ist mit dem achtspitzigen Kreuz des Ordens verziert, das heute eher als Malteserkreuz bekannt ist (von Rhodos floh der Orden ja nach Malta). In der hintersten Kapelle sind Reste des Mosaikfußbodens der frühchristlichen Kirche zu erkennen.

Vom Nordende des Zeus-Tempels führen antike Stufen zur winzigen Höhlenkirche **Ágios Geórgios** hinunter. Hier sind guterhaltene Fresken aus dem 14. oder 15. Jh. zu sehen. Besonders interessant sind die Darstellungen kniender Großmeister.

Gegenüber dem Eingang zur Klosteranlage beginnt ein italienischer **Kreuzweg,** der bei einem hohen, von innen besteigbaren Betonkreuz endet. Lohnt vor allem

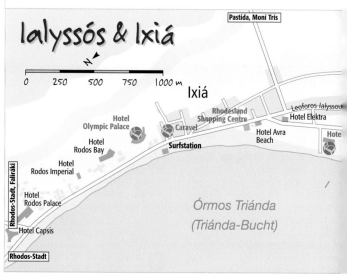

Ialyssós & Ixiá

Pastída, Moní Trís

0   250   500   750   1000 m

Ixiá

Leoforos Ialyssou

Rhodesland Shopping Centre

Hotel Elektra

Hotel Olympic Palace

Caravel

Hotel Avra Beach

Hote

Hotel Rodos Bay

Surfstation

Hotel Rodos Imperial

Hotel Rodos Palace

Rhodos-Stadt, Faliráki

Órmos Triánda
(Triánda-Bucht)

Hotel Capsis

Rhodos-Stadt

wegen des schönen Blicks hinüber zum Psínthos-Berg.

...in Ialyssós

Heleni: 37, Ierou Lochou, Tel. 937 17, Fax 940 70, moderat.

Der weiße 21-Zimmer-Bau vor dem Hotel Golden Beach gehört zu den kleineren Hotels am Ialyssós Beach. Auf eher einfachem Mittelklasseniveau quartiert man sich hier aber relativ preiswert und zentral gelegen ein. Mit Pool.

Osiris: Ialyssós, in der Strandzone gegenüber Hotel Blue Horizon, Tel. 947 17, Fax 968 10, moderat.

Großzügige Apartments, sehr schön mit Balkon. Zwar meist pauschal belegt (Engländer, Skandinavier), wenn welche frei sind, werden sie aber kurzfristig relativ günstig vermietet.

Elina: Ialyssós Beach, Tel. 929 44, Fax 944 13, moderat/teuer.

Das erste Großhotel, wenn man von Ixiá her zum Ialyssós-Strand fährt. Obwohl es der üblichen Kastenarchitektur entspricht, macht der weiß/blaue Bau einen freundlichen Eindruck. Mit großem Poolbereich zum Strand und einem Tennisplatz, Tretboote werden am Strand vermietet.

Sun Beach: Ialyssós Beach, Ferenikis, Tel. 938 21, Fax 956 88, teuer/Luxus.

Moderne Großanlage mit allem drum und dran sowie 105 Zimmern, 109 Studios und 85 Zwei-Zimmer-Apartments: Am Anfang verlaufen sich alle. Der Service ist aber gut, ebenso das recht nobel aufgemachte ›à-la-carte-Restaurant‹, wo man der Büffet-Küche entkommen kann. Für Surfer das Plus: direkt am Strand liegt die F 2 Station.

Elisabeth Aparts: Ialyssós Beach, etwas abgelegen, Tel. 926 81, Fax 924 91, Luxus.

Auch dieses Haus ist nicht mehr ganz neu, doch sind die Studios und Apartments (bis vier Personen) großzügig geschnitten. Sehr schöner Garten mit Sportanlagen,

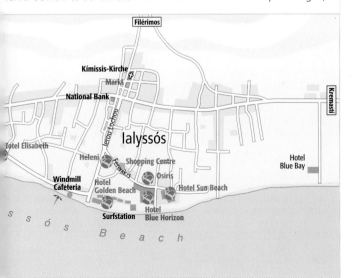

Volleyballfeld, Kinderspielplatz und großzügigem Poolbereich. Der Strandabschnitt ist ruhig, ins Ortszentrum von Ialyssós geht man ca. 15 Min.

Golden Beach: Ialyssós Beach, relativ nah zum Ort, Tel. 924 11, Fax 924 16, Luxus.

Die langgestreckte, allerdings nicht mehr ganz taufrische Anlage bietet neben 225 Zimmern auch 51 Apartments am Garten mit ausgedehnten Rasenflächen und Pool. Babysitting-Service, Disco, großes Sportangebot und Abendanimation sind selbstverständlich. Bushaltestelle vor dem Hotel.

... in Ixiá

Die Hotels am langen Strand vor Ixiá (Capsis, Rodos Palace, Rodos Imperial, Rodos Bay) waren die ersten Luxushäuser des modernen Tourismus in Griechenland – die Zeit hinterließ allerdings Spuren. Auch ist der Strand dicht an der Straße sehr schmal und schattenlos. Für Konferenzen also gut geeignet, für Badeferien eher nicht.

Caravel: Leof. Ialyssou, Tel. 968 34, Fax 968 61, moderat.

Ein echtes Ixiá-Kleinod der Mittelklasse – wenn man auf die frühe 70er-Jahre-Inneneinrichtung steht. Die hat sich hier nämlich fast stilecht erhalten. Die 29 Studios werden sehr nett geführt, mit Pool dahinter und Restaurant Coconut davor. Direkt bei den beiden riesigen Ficus-Bäumen hinter der Hotelmeile von Ixiá.

Olympic Palace: Leof. Ialyssou, Tel. 287 55, Fax 304 34, Luxus.

Der 388-Betten-Klotz beeindruckt durch die avantgardistische 60er-Jahre-Architektur: So stellte man sich damals das Haus der Zukunft vor. Fürs Wohl ist bestens gesorgt: zwei Pools, Sauna, Tennisplatz, dazu ein riesiger Konferenzsaal. Ganz oben auf dem ›Hausberg‹ gibt's die Presidential Suite, wo einst Leute wie Onassis logierten.

Ammoudia: Ialyssós Beach, nach dem Sun Beach-Komplex, tgl. ab 11 Uhr.

Eine der stimmungsvollsten Tavernen direkt in der Hotelzone. Die Küche bietet die üblichen Klassiker, aber man sitzt schön unter Weinlaub.

La Bonita: Ialyssós Beach, gegenüber Hotel Golden Beach, tgl. ab 11 Uhr.

Familiäres Restaurant, ganz auf Fisch – und Skandinavier spezialisiert. Unter den diversen Kreuzflaggen gibt es sogar Heringsschnittchen, aber natürlich auch die ganze Palette der Mittelmeerfische, deren weniger leckere Teile (Flossen, Haigebisse etc.) als Deko von der Decke baumeln.

Kaliva: Ialyssós Beach nahe Windmill Cafeteria, tgl. ab 11 Uhr, nachmittags nur Café.

Hübsche Familientaverne im traditionellen Stil. Fisch vom Grill nach Tagesfang, aber auch ein gutes Kléftiko. Spezialität ist Shrimps Sanganáki (mit warmem Feta-Käse). Abends meist rappelvoll.

Kioupia: Ialyssós, Tel. 918 24, ab 18.30 Uhr.

Sehr stilvolle Taverne, am Weg nach Moní Trís ausgeschildert. Hier wurde ein altes rhodisches Haus umgenutzt und mit teils kostbaren Antiquitäten ausgestattet. Allein das lohnt, aber auch die Küche hebt sich wohltuend vom üblichen Einerlei ab.

Stratos: Ialyssós-Ort, beim Marktplatz. Imbiß-Treff der Jugend, die nicht nur die dröhnenden Hits, sondern auch das gute Gyros schätzt. Gute Adresse für einen schnellen Snack zwischendurch.

Tempo No. 2: Ialyssós Beach, vor Osiris Aparts, tgl. ab 10 Uhr.

Auch in Ialyssós findet man noch ein ruhiges Plätzchen: in der Taverne Kaliva sitzt man romantisch mit Blick auf Rhodos-Stadt

Zu Erdinger Weißbier und König Pils serviert man Snacks, Hummer und eine üppige Fischplatte. Der Hit: gleich nebenan der große Hotelpool, den auch Restaurantgäste nutzen können. Abends manchmal Live-Musik.

Vrachos: Ialyssós Beach, nahe Windmill Cafeteria, tgl. ab 11 Uhr. Für den, der es internationaler will: Spare Ribs und Pizza, aber auch Hummer und andere Fischspezialitäten.

Ialyssos Shopping Centre: tgl. bis 22 Uhr. Großes Einkaufszentrum in der Strandsiedlung mit vielen kleinen Boutiquen (Mode, Souvenirs) und Bars.

Rhodesland Shopping Centre: nahe Hotel Avra am Abzweig zum Ialyssós Beach, tgl. bis 22 Uhr. Mit nettem Café direkt am Meerufer, Gelateria und Kinderspielplatz.

Blue Note Bar: Ialyssós Beach, 300 m von Elisabeth Aparts, tgl. ab 10 Uhr. Auf bequemen Polsterstühlen kann man hier bei Franziskaner Weißbier einen entspannten Abend verbringen.

Greek Land: Ferenikis, Ialyssós,

nahe dem Shopping Centre der Strandsiedlung. Gediegenes Lokal mit Cocktails, Becks, griechischen Küchenklassikern und tollen Eisbechern. Jeden Abend Live-Musik.

Windmill Cafeteria: Ialyssós Beach, tgl. 9–18 Uhr. Café-Bar in einer alten Windmühle, Treffpunkt der Profi-Surfer.

Mega Disco: Leof. Ialissou, nahe Hotel Rodos Bay, Fr, Sa ab 23 Uhr. Großdisco in der Hotelzone von Ixiá mit Laser Show (ehemals Playboy Disco).

Busse: nach Rhodos-Stadt von den Hotels Elektra, Golden Beach, Blue Horizon, und Blue Bay 2 x vormittags, 2 x am frühen Abend, letzter Bus gegen 21.45 Uhr. Retour dito, letzter Bus gegen 21.30 Uhr. An der Hauptstraße halten aber auch die Busse nach Kremastí und Soroní.

Leihwagen/Motorräder: Lalos, Ialyssós, Ferenikis, Tel. 962 78; vom Auto über Roller bis zur 400er großes Angebot. Montiadis Motor to Rent, Ixiá, nahe Argo Apart, Tel. 909 81; u. a. eine Harley 1340 CC (!!) für schlappe 175 DM/Tag.

Kallithéa (Reni Koskinoú)

Lage: H1/2
Vorwahl: 0241

Das etwa 6 km lange Küstenstück am Kap Vódi wird in deutschen Katalogen als Kallithéa vorgestellt, auf Rhodos ist der Name Reni Koskinoú verbreiteter. ›Zentrum‹ dieser Hotelzone ist die Küstenstraße, von der sich mehrere durch kleine Höhen getrennte Buchten erschließen: im Norden beginnend mit Agía Marína bis hinunter zur alten italienischen Kuranlage der Thérmes Kallithéa. Wer hier bucht, trifft nicht unbedingt eine schlechte Wahl: Der Disco-Rummel hält sich in Grenzen, die Buchten sind überschaubar, Rhodos-Stadt und einige der idyllischsten Badeplätze der ganzen Insel nicht weit.

Thérmes Kallithéa (H2): südlich Richtung Faliráki. In den 20er Jahren bauten die Italiener bei einer schon in der Antike bekannten Heilquelle eine Kuranlage – und zwar im selben romantischen Orientstil wie die Néa Agorá in Rhodos-Stadt. Die seit Jahren vor sich hinbröselnden Kuppelbauten, ein überdachter Mini-Pool und ein Wandelgang mit den Umkleidekabinen drum herum wurden mehrfach als Filmkulisse genutzt, etwa in ›Die Kanonen von Navarone‹ mit und von Anthony Quinn. Seit 1998 sind sie ins Sanierungsprogramm der EU aufgenommen; demnächst könnte alles wieder in neuem Glanz erstrahlen.

Kallithéa-Buchten: Die Sandstrände, vor allem der beim Großhotel Eden Roc, sind inzwischen fest in Händen der Hotels und ziemlich voll. Noch am ruhigsten ist der Kavourákia Beach, die südlichste Bucht beim Hotel Lomeniz Blue.

Tássos Beach: Ein Paradies für Schnorchler ist die Felsküste gleich südlich von den Thermen. Drei einfache Tavernen haben hier Liegebetten auf die Felsen gestellt, am schönsten ist das Areal bei Tassos: ein regelrechter Irrgarten in den Felsen, wo jeder ein stilles Plätzchen findet. Auch für Kinder toll, denn in den Tümpeln findet man Muscheln und Krebse.

Wassersport: An den Stränden der Großhotels werden Tretboote, Surfbretter und Jet-Skis verliehen, auch Wasserski kann man fahren.

Koskinoú (H2): Das ›Mutterdorf‹ von Kallithéa, mit 2000 Einwohnern nicht einer der kleinsten Orte von Rhodos, ist doch einer der schönsten geblieben. Auf der großen Haupt-Platía

Unter Griechen im O Georgis

Die Taverne am Hauptplatz in Koskinoú lohnt den Trip ins ›Mutterdorf‹ der Strandsiedlung schon für sich. Man sitzt entweder unter Weinlaub oder im mit allerlei Traditionsgerät vollgehängten Gastraum. Es gibt bäuerliche Küche (mit Glück auch Zicklein vom Rost), dazu Landwein vom Faß. Tgl. ab 18.30 Uhr

will man's kaum glauben, doch beim Bummel durch die engen gewundenen Gassen kann man sich rasch verlaufen, so sehr lenken die vielen Details, große klassizistische Hofportale, schmiedeeiserne Tore oder bunte Farbgebung, ab. Vor den Häusern sitzen die Frauen (immer freundlich grüßen!) und auf den Mauern sonnen sich die Kätzchen: eine echte, stille Idylle im sonst so lauten Rhodos. Auf der anderen Seite des Dorfs blicken die Häuser vom Steilabfall über ein grünes Tal nach Asgouroú, heute eine Industriezone, wo die meisten Einwohner arbeiten.

Wer nicht die großen Komforthotels Eden Roc und Paradise wählen will, findet auch kleinere Häuser:

Kalithea: an der Küstenstraße, Tel. 624 98, Fax 679 70, moderat. Ein kleines Schmuckstück mit wunderschönem Garten und Pool, die Wirtin ist eine Exil-Deutsche. Wundern Sie sich nicht, wenn es Hallo sagt und keiner ist zu sehen: das ist der Vogel, das Hotelmaskottchen.

Virginia: abseits der Küstenstraße nahe dem Eden Roc, 200 m vom Strand, Tel. 611 03, Fax 634 20, moderat. Zweistöckige Bungalows rund um einen nicht ganz alltäglich gestalteten Pool. Ohne großen Schnickschnack, doch überschaubar und mit allem, was man braucht.

Lomeniz Blue: am Kavourákia Beach, direkt an der Küste etwas abseits im Süden, Tel. 633 44, Fax 641 51, moderat/teuer. Ein sehr schönes 60-Zimmer-Haus im rhodischen Stil, der Eingang ziert ein bißchen die Kallithéa-Thermen. Innen ist alles neu und chick, da könnte man den Sandstrand vor der Tür glatt vergessen.

Versteckte Felsbuchten bei Thérmes Kallithéa – solange dort noch renoviert wird, läßt man sich besser hier die Sonne auf den Pelz brennen

Psarolimano: Kavourákia, nahe dem Hotel Lomeniz Blue. Sehr schön und ruhig in einem hübschen Garten unter Palmen gelegen. Vorzügliche Fischgerichte (aber nicht nur); der Wirt kümmert sich sehr freundschaftlich um die Gäste. Erste Empfehlung! (Pick-up: Tel. 654 90)

Busse: Nach Kallithéa fährt die Linie 20 der RODA, die eigentlich für die Westküste zuständig ist. Abfahrt in Rhodos-Stadt daher hinter Néa Agorá. Tagsüber etwa stündlich ein Bus bis ca. 21 Uhr.

Kamíros

Lage: D3
Vorwahl: 0246

Nur in der Antike war Kamíros bewohnt, die dritte im Bunde der drei rhodischen Städte. Es erreichte jedoch nie die Bedeutung von Ialyssós oder Líndos – außer in der Keramikproduktion: Kamíros war eine der Hochburgen des kunstgeschichtlich bedeutenden orientalisierenden Stils des 6. Jh. v. Chr. Heute ist die im 2. Jh. v. Chr. aufgegebene Stadt das wichtigste Ausflugsziel und eine Art Fixpunkt an der immer noch fast unbesiedelten mittleren Westküste.

Archäologische Stätte: letzter Einlaß Juni bis Aug. Di–Fr 8.30–19.40, sonst nur bis 14.40, Sa, So und feiertags 8.30–14.40 Uhr.
Da Kamíros niemals überbaut wurde, zeigen die Ausgrabungen das für die in der Archäologie Griechenlands seltene Bild einer unberührten Stadt der hellenistischen Epoche. Hinter dem Eingang liegt rechts die Terrasse des Apollon-Tempels, von dem noch einige Säulen stehen. Gegenüber vom Eingang schließt sich der Platz der Altäre an, wo den Stadtheroen und natürlich auch dem Sonnengott Helios geopfert wurde. Über Treppen führt die ›Prozessionsstraße‹ zur Kuppe empor, links zweigen Gassen zu den verschachtelten Atriumhäusern ab, von denen nur hüfthohe Mauern blieben. Von der Höhe, wo früher ein Athena-Tempel stand, hat man den schönsten Blick auf das Gewirr der Mauern, die – eingefaßt vom Grün der Pinienwälder – über dem Meer zu schweben scheinen.

Old Kamiros: an der Küste beim Kamíros-Abzweig. Oft von Ausflugsbussen besucht und daher große Auswahl. Man kann auch Baden, aber nicht so schön.
Blue Sea – Galania Thalassa: an der Küste Richtung Kalavárda, Tel. 414 20. Hübsche Fischtaverne mit viel Flair; von der blumenreichen Weinlauberterrasse blickt man auf das namengebende blaue Meer. Sogar der alte Holzbackofen ist noch in Betrieb.

Kámiros Skála (C4): Der kleine Fischerhafen, etwa 12 km südlich, ist mit seinen Fischtavernen und der Fährverbindung nach Chálki (s. S. 93) ein beliebter Ausflugsstopp. Im Felsen über dem Kai erkennt man ein unvollendetes Tempelgrab, vor das die Psarotaverna O Loukas ihre Holzhütte gebaut hat. Das beste Restaurant ist das Estatorio Althaimenis, dessen Spezialität man in dem riesigen Becken mit lebenden Hummern bewundern kann. Hier fährt auch der Erzbischof von Rhodos gern zum Mittagessen hin.
Kastell Kritinía (B4): Die Burg (beschildert Kritinia Castle) ist die besterhaltene Johanniterfestung, erbaut unter dem Großmeister Orsini, verstärkt unter Aubusson und Caretto, deren Wappenschilder die Außenmauern zieren. Vom höchsten Punkt, unterhalb des wehrhaften Donjons, hat man einen schönen Meerblick bis hin zu den Inseln Alimiá und Chálki. Am Weg bietet Johnny's Fish Taverna eine idyllischere Alternative zu Tavernen in Kámiros Skála: eine schöne Terrasse hoch über dem Kopriá Beach, wo auch gerne Taucher hinfahren.
Kritinía (C4): Das Dorf am Hang unterhalb der Schnellstraße, die sich hier schon hinauf in die Berge

Das alte Kamíros: viel blieb nicht, doch der Ausblick ist toll

geschwungen hat, wird von vielen achtlos rechts liegengelassen. Doch bietet das Kafénio O Platanos an der Platía unter einer schattenspendenden Platane ein beschauliches Bild dörflicher Idylle. An der Schnellstraße zeigt das Museum of Kritinia mit Cafeteria Milos (Mo–Sa 9.30–17.30 Uhr) bäuerliche Gerätschaften aus alten Zeiten.

Kiotári

Lage: D7/8
Vorwahl: 0244
Extra-Tour 4, S. 90

Kiotári war ursprünglich ein kleiner Weiler und Hafen des Binnendorfs Asklipío. Der Tourismus begann hier mit einfachen Pensionen, doch seit 1993 wurden an der Küste Richtung Líndos einige Großhotels gebaut, die nun unter dem Namen vermarktet werden. Kiotári selbst blieb, wie es war: einige Pensionen und Tavernen rings um die alte Klosterkirche Metamorphosis, in der frühchristche Kapitelle verbaut sind. Wer in den Großhotels wie Rodos Maris

oder Rodos Princess bucht, verbringt den Urlaub etwas im Abseits und ist ganz auf die Angebote der Hotels angewiesen. Fehlende dörfliche Atmosphäre wird nur durch die kilometerlangen Strände wettgemacht.

Kiotári Beach: Der kieselige Hauptstrand zieht sich langgestreckt bis nach Gennádi hin. Die schönsten Abschnitte liegen im Bereich der Hotels Maris und Princess, wo es eine angenehm sandige Bucht gibt.

Wassersport steht in Kiotári im Vordergrund. Banana, Jet-Ski, Windsurfing bietet das AcquaMania Watersport Centre vor dem Hotel Rodos Princess, während das Kiotari Watersport Centre vor dem Hotel Rodos Maris Kat Sailing, Windsurfing, Slalom Course, Skyboat, Waterskiing, Paragliding im Angebot hat.

Asklipío (D7): Das Dörfchen mit ca. 300 Einwohnern liegt etwa 4 km im Landesinneren unterhalb eines venezianischen Kastells. Die Mariä Himmelfahrt geweihte Kirche **Kímissis tís**

Theotókou am Dorfplatz (Mo–Sa 9–12, 14–18 Uhr) gehört zu den sehenswertesten Kirchen von Rhodos. Der Bau wurde 1060 als Kreuzkuppelkirche begonnen, das Datum ist jedenfalls neben dem Eingang eingemeißelt, und im 14. Jh. zu einem Quadrat erweitert. Als in Griechenland eher seltenes Thema zeigen die Fresken aus dem 17. Jh. im südlichen (rechten) Querarm Szenen der Apokalypse. Im Scheitel thront Christus, darunter die Gerechten in weißen Gewändern, Johannes, wie er das Buch ißt, die Jungfrauen, die den Wein ausgießen, der siebenköpfige Drache, die Posaunenbläser, der Antichrist als menschenraubendes geflügeltes Tier und natürlich die sieben Reiter. Am Kirchhof führt der Küster jetzt zwei kleine **Museen,** eines mit Sakralgerät, eines mit altem hauswirtschaftlichen Gerät. Im Dorf bestimmen enge Gassen und traditionelle Häuser das Bild. Zur Einkehr laden die Cafe Bar im Dorf und die Taverne Agapitos über dem Hauptplatz, das auch einfache Zimmer vermietet (Tel. 0244/472 55).

Tsimbou Kirania: am Kiotári-Hauptstrand, Tel 470 41, günstig.
Saubere, einfache Studios, gerade mal 20 m vom Strand.
Kiotari Beach: am Kiotári-Hauptstrand, Tel. 473 21, moderat.
Großzügige Studios im Maisonette-Stil, freundlich hell mit 3 Betten; Apartments mit 4 Betten und 2 Badezimmern! Liegt sehr strand- und tavernennah, eine gute Adresse für Familien.
Kabanari Bay: Kiotári-Hauptstrand, Einfahrt Light House, Tel. 471 49, Fax 470 88, moderat.
Kleinere Mittelklasseanlage mit schönem Pool, familiär geführt.

Ekaterini: am Abzweig zum Kiotári-Hauptstrand, Tel. 471 31, Fax 470 48, moderat.
Sehr schöne Apartmentanlage, wo das Bemühen um landestypische Einrichtung lobend zu erwähnen ist. Großer Pool, Frühstücksterrasse mit Meerblick, ca. 300 m bis zum Strand.
Rodos Princess: etwa 15 km von Líndos, 2 km von Kiotári, Tel. 431 02, Fax 435 67, Luxus.
Von der Lage, fast direkt am schönsten Strandabschnitt, und der Ausstattung her mit dem Rodos Maris das beste Kiotári-Hotel. 318 Zimmer, auch Familiensuiten, mit Sat-TV, dazu Restaurants, Bars, Souvenirgeschäfte, Sauna, eine riesige Poollandschaft mit kleinen Inseln, Hallenbad, Sportanimation und und und… Bei Pauschalbuchung wird's auch erschwinglich.

Il Ponte: an der kleinen Brücke zwischen Maris und Princess. Griechische und italienische Küche. Nichts Spektakuläres, aber eine gute Abwechslung zu den Hotelgroßküchen. Abends sitzt man a dem kleinen Bachta in fast verträumter Stimmung.
Estatorio Paralia: Kiotári-Hauptstrand. Die alteingesessene Taverne serviert echte griechische Küche ohne Schnickschnack, aber lecker und deftig – genau so wie vor 20 Jahren.
Light House: am Kiotári-Hauptstrand. Strandtaverne in einem nachgebauten Leuchtürmchen. Man serviert nicht nur Frühstück und Mittags-Snacks, sondern vermietet auch Sonnenschirme.

ABC Alex Beach Centre Restaurant, Pizzeria, Bar und Supermarkt unter einem Dach. Schön unterhalb der Hotelanlage

Eine Idylle aus den frühen Tagen des Rhodos-Tourismus: Taverne Eucalyptus an der langen Allee von Kolýmbia

am Strand gelegen, in der Saison ist die Music Bar auch ein Treffpunkt der Nachtschwärmer.

Pelekanos ›Night Bar‹: Eigentlich eine Pizzeria am Hauptstrand gegenüber vom kleinen Hafen. Nachts trifft man sich zu Longdrinks und Ouzo, Hits sorgen für Stimmung.

Busse: nach Rhodos-Stadt/ Líndos vormittags ab ca. 8 Uhr 4 x tgl., nachmittags ab 14 Uhr 3 x tgl., letzter Bus kurz nach 17 Uhr, retour 2 x morgens, 2 x mittags, letzter Bus gegen 18 Uhr ab Rhodos-Stadt, ab Líndos gegen 19 Uhr.

Leihwagen: über die Luxushotels oder über Rent a Motorbike Stergos, Tel. 470 76.

Kolýmbia

Lage: G4
Vorwahl: 0241
Einwohner: 210
Extra-Tour: 3, S. 88

Kolýmbia ist kein Dorf, noch nicht einmal eine Urbanisation, doch als ruhige und beschauliche Hotelzone gar nicht übel. Vor allem bei Deutschen sind die durchweg guten Hotels beliebt – Sprachprobleme hat man kaum zu erwarten. Berühmt ist die endlos lange Eukalyptusallee, die die Strandebene einmal durchmißt. Sie bildet das Zentrum Kolýmbias. Angelegt haben sie die Italiener in den 20er Jahren, die hier eine Agrarkolonie aufbauen wollten. Als ›Gemeindezentrum‹ entstand damals das nun als Altenheim dienende Loggiengebäude samt Kirche an der Líndos-Straße, wobei wieder einmal die mittelalterliche Architektur Oberitaliens Pate stand. Daß hier an der Küste auch in der Antike eine größere Siedlung lag, bezeugen die nur über den Zaun einsehbaren Grundmauern einer Basilika-Kirche des 5./6. Jh. kurz hinter der Kirche. Hauptsächlich dreht sich in Kolýmbia alles um Urlaubsfreuden, und die finden vor allem in den Hotels selbst statt.

Nordstrand: Der Strand rechts der Eukalytusallee ist ein sehr schöner Kinderstrand: kleine, von Felsen eingefaßte Priele, ein kleiner Hafenanleger vor der Taverne Nissaki, am Anfang geben Tamarisken Schatten.

Südstrand: Weite, nicht ganz so flache Sand-/Kiesbucht, beim Hotel Kolymbia Beach gibt's eine Wassersport-Station.

Tsambíka Beach: nicht weit entfernt und der schönste Strand weit und breit (s. S. 80).

 Wassersport: Pedalos werden in der Nordbucht verliehen, ein besseres Angebot (Banana, Surfboards, Wasserski) findet man in der Südbucht.

Motocross: Ein Geheimtip für (trainierte!) Motocross-Fahrer sind Trips durch das im Sommer ausgetrocknete Flußbett des Loutani: Über Kiesel kann man weit bis ins einsame Landesinnere vorstoßen. Die Maschinen leiht man am besten in Faliráki (s. S. 37).

 Épta Pigés (F4): Die ›sieben Quellen‹, so die deutsche Übersetzung des Namens, stammen aus italienischer Zeit: Der Quellteich speiste eine Wasserleitung in die Kolýmbia-Ebene, deren Reste neben der Eukalyptusallee noch zu sehen sind. Heute ist Épta Pigés eines der beliebtesten Ausflugsziele (3,5 km von der Líndos-Straße). Bei der lauschig im Schatten gelegenen Taverne steigt man an einem Wasserlauf durch dichten Wald empor, freilaufende Pfauen setzen schrille Akzente in der Waldesruh'. Und als besonderes Erlebnis kann man durch einen 186 m langen Wassertunnel laufen, durch den der Quellteich auf der anderen Hügelseite versorgt wird. Ein Muß für jeden mit Selbsterfahrungsambitionen!

Ágios Nektários (F4): Die neue Kirche kurz vor Archípoli ist dem ›jüngsten‹ Heiligen der orthodo-

xen Griechen geweiht, der erst in den 20er Jahren kanonisiert wurde. Der mächtige Bau ist nach den über 1000 Jahre alten Regeln ausgemalt, die man auch in den historischen Kirchen findet. Vor der riesigen, unten ausgehöhlten Platane am Eingang werden Souvenirs und rhodischer Bauernhonig verkauft, eine Taverne serviert Snacks (Weiterfahrt s. Extra-Tour 3, S. 88).

 Maritsa Travel: an der Eukalyptusallee, Tel. 563 47, Fax 564 43.

Das Info-Zentrum am Ort: Insel- und Bootstouren, Autovermittlung, Geldwechsel, einfach alles.

 Eucalyptus: Tel. 562 18, kein Fax, günstig.

Die Taverne an der Allee vermietet auch einfache Zimmer: klein und spartanisch, aber hübsch im Garten gelegen.

Ferienwohnungen: Recht günstige Apartments oder Studios vermietet bzw. vermittelt Maritsa Travel, siehe Info-Büro.

Alfa Hotel: über dem Südstrand (200 m), Tel. 564 11, Fax 566 03, moderat/teuer.

Von außen eher unscheinbare Mittelklasse, aber mit schöner Poolanlage und großen Balkonen vor den Zimmern (eins nach hinter nehmen!).

Kolymbia Sun: relativ nah beim Strand am Ende der Allee, Tel. 562 13, Fax 563 21, moderat/teuer.

Hübsche Mittelklasseanlage, nur all inclusive zu buchen und dafür vergleichsweise günstig. Schönes Poolgelände, freundlicher Service.

Lydia Maris: ca. 250 m vor dem Nordstrand, Tel. 564 21, Fax 564 24, teuer (all inclusive). Größere Bungalowanlage mi schönem Pool, der Clou ist die Bar auf einer Insel in selbigem. Schöne helle Zimmer, es gibt auch Familiensuiten.

Kolymbia Beach: direkt am Südstrand, Tel. 563 11, Fax 562 03, Luxus.

Sehr schöne Edelanlage, in deren marmorglänzender Lobby man problemlos Fußball spielen könnte. Der Rasen grünt üppig, vom Pool geht man 1 Min. zum Strand – oder eben auch nicht. Die Zimmer sind fast zu schick. Mit Supermarkt, Wassersportzentrum und Rent a Car.

Die meisten Hotels bieten auch Abendessen, doch sollte man die nicht immer aufregenden Büffets ruhig einmal links liegen lassen.

To Nissaki: am Nordstrand. Eine griechische Strandtaverne wie aus dem Bilderbuch. Der Octopus vom Grill ist köstlich, dazu gibt's Bitburger vom Faß oder rhodischen Landwein.

Limanaki: hoch über dem weiten Strand der Südbucht. Hier sitzt man am frühen Abend sehr schön bei langem Sonnenuntergang. Der gebackene Fisch lohnt einen Versuch.

Taverna Eucalyptus: auf halber Strecke an der Eukalyptusallee. Innen stilecht mit Kamin, rhodischen Tellern, Stickereien an den Wänden. Spezialitäten vom Holzkohlengrill, frischer Fisch (Kipoura, Snapper) und günstige Menüs. Dazu trinkt man Wein vom Faß oder ein gezapftes Becks.

Taverne Dionysos: gegenüber Hotel Irene Palace. Vor dem kitschigen Dionysos-Bild serviert man Hauswein aus Embona, Apfelkuchen und Filterkaffee, und die Bifteki heißen hier ›frische Hackfleischbuletten auf griechisch‹.

Große Kirche mitten im Wald: Ágios Nektários

Pegamos Disco: neben Hotel Lydia Maris, 23–4 Uhr. Die einzige Disco am Ort ist der Treffpunkt der Nachtschwärmer.

Shows: Folkloretänze mit Kabaretteinlagen bieten fast alle Hotels einmal die Woche – dann wird es laut. Am häufigsten sind die Auftritte im Hotel Irene Palace, wo man sogar Bauchtanz bewundern kann.

Busse: Nach Rhodos-Stadt vormittags mindestens stdl., nachmittags 2 x, letzter Bus 20.15 Uhr; retour 1 x morgens, ab 14 Uhr etwa stdl., letzter Bus gegen 21 Uhr. Nach Líndos morgens 2 x tgl., nach Tsambíka morgens ca. 9

Uhr. Alle Busse von Líndos nach Rhodos stoppen bei der Kirche an der Líndos-Straße, die Hotelzone wird aber nur von den Bussen um 13 und 15.30 Uhr angefahren.

Mietwagen: Rodos Cars, Head Office, Tel. 565 67, Fax 565 68. Marina Rent a Motor, Tel. 561 10: Roller und Mopeds.

Boote: Die Kolymbia Express fährt Di, Do und Sa nach Líndos, Abfahrt 9.30 Uhr, retour ca. 16 Uhr, inkl. Badestopp.

Kremastí

Lage: G1
Vorwahl: 0241
Einwohner: 3600

Obwohl das quicklebendige Städtchen schon in der Einflugschneise des Flughafens liegt, ist es ein gutes Standquartier: Griechisches Alltagsleben spielt hier die Hauptrolle und ist noch nicht von lauten Bars verdrängt worden. Daß die großen Touristenströme bislang an Kremastí vorbeiflossen, ist zum einen den an manchen Tagen im 5-Minuten-Takt in niedriger Höhe einschwebenden ›Urlauberbombern‹ zu verdanken, zum anderen dem wirklich nicht schön zu nennenden Kieselstrand, der mit den Buchten der Ostküste kaum konkurrieren kann. Dafür sind die Menschen hier freundlicher, die Preise deutlich niedriger. Der Ort ist etwas für Individualisten.

Filérimos und das antike Ialyssós s. S. 42; **Petaloúdes** s. S. 79, **Kamíros** s. S. 50.

Maritime: Leof. Eleftherias, etwas außerhalb Richtung Ialyssós, Tel. 922 32, Fax 957 24, moderat.

Familiär geführte Mittelklasseanlage in schönem Garten mit Zimmern, großen Apartments und kleinem Pool.

Margaret: bei Taverne Zorbas Richtung Strand abbiegen, Tel. 942 54, moderat.

Überschaubares Mittelklassehaus nah zum Strand, mit Pool. Jeden Mi Karaoke Show, So Volkstanzaufführung.

Armonia Aparts: in der Hotelzone bei Hotel Margaret, Tel. 924 20, moderat.

Komfortables Apartmenthaus der A-Kategorie; recht günstig zwischen Dorf und Strand gelegen.

Zorbas: Leof. Eleftherias, die Haupt- und Durchgangsstraße. Sieht unscheinbar aus, ist aber die Taverne mit dem besten Preis-Leistungsverhältnis. Im Lokal der beiden älteren Wirtsleute hat sich seit Jahrzehnten nichts verändert. Er bruzzelt Fisch und Souvlaki am Holzkohlengrill, sie kocht, u. a. ein köstliches Stifádo mit orientalischen Gewürzen wie Kreuzkümmel und Piment.

Romeo: Leof. Eleftherias. Italienische Küche von Minestrone bis Pasta. Ein bißchen zu schick vielleicht, doch schöne Dachterrasse.

Village Inn: an der Straße von der Bibliothek zum Strand. Im sehr englischen Pub-Stil, dafür aber gute Grilladen; engl. Biere.

Odyssia: Leof. Eleftherias, gegenüber der Kirche. Modernes Openair-Restaurant unter großem Sonnensegel. Hier gehen auch gern Griechen in großer Runde hin.

Grande Magister: Leof. Eleftherias. Stilvoll aufgemachte Bar in einem alten klassizistischen Haus mit Ritterflair.

Melody Park: Leof. Eleftherias, etwas außerhalb vom Ortskern

Richtung Ialyssós. Ein in ganz Rhodos bekannter Club, der auf Bouzouki-Musik spezialisiert ist. Oft Live-Auftritte, sonst wird auch griechische Pop-Musik gespielt.

Busse: nach Rhodos-Stadt etwa alle 45 Min. mit den Bussen vom Flughafen; retour dito, letzter Bus gegen 23 Uhr.
Matsis Moto Rent: Leof. Eleftherias, gegenüber Zorbas, Tel. 914 24, große Auswahl vom Moped bis zur 500er.

Lárdos

Lage: E7
Vorwahl: 0244
Einwohner: ca. 800

Lárdos ist ein noch recht ursprüngliches Dorf in einer fruchtbaren Küstenebene, die dicht mit Olivenhainen bedeckt ist. Obwohl es im Dorf selbst nur einige einfache Pensionen gibt, haben hier in jüngster Zeit eine Reihe teils moderner, teils traditioneller Tavernen aufgemacht, die für ein angenehmes ›Nachtleben‹ in dörflicher Atmosphäre sorgen. Viele, die in den größeren Hotelanlagen am Strand Richtung Péfki/Líndos wohnen, nutzen die Gelegenheit zum Abendbummel. Zentrum des Dorf ist die Platía, an deren hübschen, von den Italienern gebauten Brunnen die Einwohner noch heute Wasser holen gehen. Rund um den Platz liegen auch alle Tavernen und Bars.

Lárdos Beach: Der vordere Strand liegt etwa 2 km vom Dorf entfernt; von dort zieht sich das Areal noch weitere 2 km gen Péfki. Die Hotelsiedlung im hinteren Bereich rund um den

Das große Fest der Panagía

In der Woche um den 15. August feiert Kremastí seine ›Hängende Maria‹ – die Ikone der Panagía-Kirche soll nämlich in einem Olivenbaum gefunden worden sein. Das Kirchweihfest mit dem Umzug der Ikone zieht sich über eine Woche hin und gilt als das größte des ganzen Dodekanes. An den Gottesdiensten nehmen auch die Griechen nur sporadisch teil, dafür wird ausgiebig gefeiert, getrunken und schnabuliert.

Club St. George (Lothiarka Beach) ist fast ein kleines Dorf geworden mit Supermarkt, Bars und Tavernen.
Glýstra Beach: Kleine Bucht mit tollem Sand an der Straße Richtung Kiotári. Es gibt eine Cantina und Sonnenliegen; der Strand ist aber noch kaum überlaufen.

Wassersport am Lárdos Beach; bestes Angebot (Banana Riding, Jet-Ski, Wasserski etc.) bei Nautique Water Sport am Strand nahe St. George Club.

Kloster Moní Ipsenís (E7): Mo–Sa bis 13 Uhr, dann führt eine Nonne durch die Kirche.
Das auf guter Asphaltstraße erreichbare Marienkloster etwa 6 km in den Bergen über Lárdos ist wie Moni Thárri (s. u.) ein Beweis

für die Wiederbelebung des Klosterlebens in der orthodoxen Kirche. Die Kirche mit der Ikone der Panagía Ipsenís und einer geschnitzten Ikonostase aus Olivenholz wurde 1845 von dem Mönch Meletos begründet.

Heute leben hier fünf ältere und vier junge Nonnen. Sie widmen sich der Betreuung von Kindergruppen aus den orthodoxen Staaten des ehemaligen Ostblocks, für die die Anlage 1998 noch einmal erweitert wurde. Etwas unterhalb liegt der riesige Sport- und Festplatz (mitunter verkauft dort eine Engländerin Kunsthandwerk). Zum Klosterfest am 23. August kommen hier bis zu 4000 Gläubige zusammen; dann wird bis in den frühen Morgen gegrillt, musiziert und getanzt. Ipsenís bedeutet übrigens ›hoch‹ und bezieht sich wohl auf den Gipfel des Berges, auf den ein Kreuzweg führt.

Kloster Moní Thárri (D6):

Mo–Sa bis 13 Uhr; Spende wird erwartet.

Zu diesem Kloster im Inselinneren fährt man über Láerma, zuletzt auf Schotterpiste, die aber nur für Mopeds etwas problematisch ist. Auch Moní Thárri (oder Thári) ist eines der ›wiederbelebten‹ Klöster Griechenlands. Der Legende nach wurde es im 9. Jh. von einer byzantinischen Prinzessin gegründet, die sich mit einer unheilbaren Krankheit nach Rhodos zurückgezogen hatte. Im Traum erschien ihr der Erzengel Michael und sprach ›Hab Mut‹, griechisch *tharsis*, ›Du wirst gesund‹. Daraufhin stiftete sie Kirche und Kloster, das daher auch den Namen erhielt. Dies ist jedenfalls Lesart der jetzigen Mönchsgemeinschaft, die das ›Tharsi!‹ des Erzengels als Bekräftigung versteht, sich den modernen Ent-

wicklungen entgegenzustemmen. Die im alten Rhodos-Stil aus ungekalktem Bruchstein errichtete Anlage zählt zu den schönsten Sakralbauten der Insel (14./16. Jh.).

Am Eingang sprudelt eine Quelle; dort hängt in einem niedrigen Bogen auch die Glocke. In der Kirche sind die Fresken der Apsis die ältesten: man sieht Kirchenväter, die Apostelkommunion und eine Deesis, Christus mit Maria und Johannes dem Täufer, die Fürbitte für die Gläubigen leisten.

Zorbas Service:

Tel. 442 18, Fax 441 74, tgl. 9.30–13.30, 18–22 Uhr. Geldwechsel, Touren, Zimmervermittlung … Peter Angelidis spricht gut Englisch und weiß über alles Bescheid.

Lardos Tours: Tel. 440 68, Fax 442 98, 9–13, 17–21 Uhr. Örtliche Alltours-Vertretung.

Antonis: im Dorf, hinter Loukas Taverna, Tel./Fax 440 21, günstig.

Ein ruhig gelegener Neubaukasten mit Studios und Apartments hinter dem Dorfhaus der Familie. Saubere, große Zimmer, für Familienanschluß sorgen die Kinder.

Fedra: im Dorf, hinter Zorbas Service, Tel. 442 18 oder 442 57, moderat.

Ein einfaches, schon etwas älteres Aparthotel mitten im Dorf.

Kamari Beach: am vorderen Lárdos Beach, Tel. 441 44, Fax 440 92, moderat.

Ganz neuer Haupttrakt und kleinere Wohneinheiten fast direkt am schönsten Strandabschnitt. Mit Pool und Bar; man spricht perfekt Deutsch.

St. George Club: an der Straße nach Péfki, Tel. 442 03, Fax 442 04, moderat/teuer.

Ausgedehnte, familienfreundliche Anlage; die Zwei-Zimmer-Apartments im Strandareal sind älter und einfacher, die Zimmer im Areal am Hang neueren Datums. Am Strand mit Kinderpools, Bar und Self-Service-Grill, dazu Sportanimation und Banana-Riding.

Lindian Village: etwas hinter dem Glýstra Beach, Tel. 473 61, Fax 473 65, Luxus.

Mit 25 000 Drs. fürs DZ (inkl. Frühstück) nicht gerade billig, aber das Geld wert: Eine fantastische Anlage im Stil eines Kykladen-Dorfs mit kleinen Kubenhäuschen in üppigem Garten. Alles edel, alles modern, doch alles stilecht wie im Griechenland-Bilderbuch. 110 Zimmer, einige davon als Maisonettes, dazu verschiedene Animationen, am Strand Wassersport. Buchen kann man es leider nur pauschal (höchstens in Italien), sondern nur vor Ort.

In Lárdos am Brunnen... versorgen die Einwohner sich noch heute mit Wasser

Loukas Taverna: an der Dorf-Platía, tgl. 10–14 und ab 18 Uhr. In einem alten Einraum-Haus mit hübscher Terrasse unter Bäumen, und fast ein Museum zur traditionellen Wohnkultur. Spezialitäten sind Fischgerichte und Muscheln, aber auch ein gutes Kléftiko (Lamm mit Schafskäse geschmort). Für *aficionados* empfehlenswert: der stark geharzte Haus-Retsína! Zum Nachtisch gibt's sogar Schokoladen-Mousse.

Roulas: an der Dorf-Platía, tgl. 10–14 und ab 18 Uhr. Große Terrassen-Taverne mit griechischer und internationaler Küche, etwa Hühnchen mit Garnelen in Sahnesauce. Beliebt sind die riesigen Pizzen aus dem Steinofen.

Old House: an der Dorf-Platía, Restaurant ab 18 Uhr, die Bar im Erdgeschoß durchgehend. Das ›Alte Haus‹ ist natürlich ein Neubau, aber hübsch aufgemacht. Vier Ebenen, oben auf dem Dach sitzt man mit Blick über ganz Lárdos. Die Küche ist nicht schlecht, aber doch etwas englisch.

Good Heart Cafe: an der Platía. Der nette Wirt mit dem guten Herzen hat sein altes Kafénio etwas modernisiert – so treffen sich hier Einheimische und Urlauber bei Ouzo und Eis.

Memories: War die erste Bar des Dorfes. Hier verbringt man im bequemen Korbstuhl bei Oldies einen netten Abend.

Nightclub Insomnia: Music After midnight... Ganz neu; ob's was wird, muß sich zeigen.

Busse: nach Rhodos-Stadt vormittags 4 x tgl. ab ca. 7 Uhr, nachmittags 3 x tgl. ab 14 Uhr. Nach Líndos 2 x tgl. vor- und nachmittags, zurück gegen 14 und 16 Uhr.

Mietwagen: Vasilis Rent a Bike, bei Zorbas Services, Tel. 440 84, Mopeds und Roller. Im Club St. George ist eine Station von Europcar zu finden.

Líndos

Lage: F7
Vorwahl: 0244
Einwohner: 900

Vom Aussichtsplateau an der letzten Kurve ist Líndos ein ägäisches Traumstädtchen: eine stolze Burg aus dem Mittelalter, darunter am Hang weiße Kubenhäuschen umgeben von Olivenhainen, noch etwas tiefer eine ruhige geschützte Bucht. Doch Idylle pur gibt es auch in Líndos nicht mehr. Spätestens ab 10 Uhr, wenn die ersten Ausflugsbusse angekommen sind, schiebt man sich durch die Gassen wie in einer deutschen Fußgängerzone am Samstagvormittag: entlang einer einzigen Kette von Souvenirläden, Snack Bars und Kneipen. Doch ist der Ausflug unbestreitbar eines der Rhodos-Highlights, denn selbst die unvermeidlichen Insignien des Way of Holiday sind hier unvergleichlich schöner als anderswo. Dazu gehört auch, daß der Autoverkehr außen vor bleiben muß – dafür kann man sich auf Esels Rücken zur Akropolis hochtragen lassen.

Zugleich ist Líndos quasi ein Brennspiegel der rhodischen Geschichte: Er ist der älteste bewohnte Ort (seit über 3000 Jahren immerhin), dessen antike Akropolis, der Burgberg, von den Johannitern zu einer Festung ausgebaut wurde. In türkischer Zeit, als Griechen nicht in Rhodos-Stadt wohnen durften, konnte Líndos zu einer wohlhabenden Handelsstadt aufsteigen, deren Ortsbild schon in den Anfängen des Tourismus unter Denkmalschutz gestellt wurde. So ist heute nicht nur die antike Akropolis als Sehenswürdigkeit erwähnenswert, sondern auch zahlreiche historische Privat-

häuser. Die sind freilich nicht museal hergerichtet wie andernorts üblich, sondern als Restaurants und Bars zugänglich: so angenehm wie Líndos lassen sich wenige Orte der Welt besichtigen!

Akropolis: Di–So 8–15, im Sommer bis 20 und Mo 12.30–19 Uhr. Eintritt 1200 Drs; Film- und Video-Erlaubnis zusätzlich 1000 Drs. Ab 10 Uhr bilden sich lange Schlangen vor dem Eingang. Wer es ruhiger möchte, sollte sehr früh oder (im Sommer) gegen 18 Uhr kommen.

Siedlungsspuren auf dem durch Steilhänge natürlich geschützten Burgberg reichen bis ins 2. Jt. v. Chr. zurück. In hellenistischer Zeit entstand hier eine der damals berühmtesten Kultstätten der Göttin Athena, die sogar die in Athen überflügelte. Trotz späterer Überbauung mit der Johanniterburg sind Spuren aus dieser Zeit allgegenwärtig. Auf der ersten Terrasse, hinter der Kasse, kommt man zum berühmten **Trieren-Relief** vom Anfang des 2. Jh. v. Chr. Es stellt das Heck eines antiken Kriegsschiffs dar und wurde zu Ehren eines verdienten Admirals errichtet, dessen Statue auf dem Podest aufgestellt war. Von hier steigt man auf steiler Treppe zum Tor der **Johanniterburg** empor. Durch den Saal der Wachgarde, wo zahlreiche antike Statuensockel verwahrt sind, kommt man zur **Stoa,** der 87 m langen Säulenhalle, die früher die prachtvolle Schaufront des Heiligtums bildete. Über eine breite Freitreppe erklimmt man das Tempelplateau. Ganz oben, ursprünglich durch weitere Säulenbauten verborgen, stand der mit 8 m Breite und 22 m Länge relativ kleine **Athena-Tempel** des 4. Jh. v. Chr. – heute der einzige erhaltene Bau. Das beste ist die Aussicht: über die weiße Stadt, zur Ágios Pávlos Bay im Süden und zur Hafenbucht im Norden. Dahinter auf dem Kap ist ein kleiner Rundbau zu erkennen, der als Grab des Kleoboulos gilt, jenes Tyrannen von Líndos, der als einer der sieben Weisen der Antike gerühmt wurde und um 550 v. Chr. den ersten steinernen Tempel auf der Akropolis bauen ließ.

Panagía-Kirche: Mo–Sa 8.30–12, 16–19 Uhr; am Eingang verleiht man Tücher, um nackte Beine und Arme zu bedecken.

Die 1490 unter Großmeister Aubusson ausgebaute Hauptkirche von Líndos ist der Muttergottes geweiht und in typisch nachbyzantinischer Manier ausgemalt. Die themenreichen Fresken schuf ein Malermönch aus Sými 1779. Berühmt ist die Darstellung des Akathístos-Hymnos, eines orthodoxen Lobgesangs auf die Gottesmutter, der ›nicht im Sitzen‹ gesungen wird und Maria als Erlöserin der Menschheit preist. Die Darstellung des jünsten Gerichts an der Eingangswand überzeugt durch zahlreiche gruselige Details.

Kapitänshäuser: Seit der Mitte des 17. Jh. bauten sich durch den Handel zwischen Venedig und der Levante reich gewordene Seefahrer prächtige Häuser, die byzantinische und orientalische Elemente verschmolzen. Typisch sind die schwarz-weißen Kieselmosaike *(chochláki)* in den Höfen, die detailverliebten Reliefs der Fassaden und turmartig erhöhte Bautrakte, auf denen man abends der stickigen Hitze in den Gassen entfliehen konnte. Zur typischen Einrichtung gehörte eine Sammlung von Keramiktellern (ursprünglich als Souvenirs aus türkischen oder syrischen Werkstätten, später aus

Da wollen alle hoch: vor dem Wachturm der Johanniterburg auf der Akropolis von Líndos steht man ab 10 Uhr morgens in der Schlange

den Töpfereien bei Archángelos), ebenso buntes venezianisches Glas für die Fenster oder sogar Kristallüster aus Venedig.

Líndos hat drei Strände: Am **Hauptstrand** (Líndos Beach) bilden die Sonnenschirme ein Spalier, in das man sich nolens volens

Zu Gast beim Kapitän

Zu den schönsten Kapitänshäusern zählt die Captain's House Bar am Fußweg zur Akropolis,1642 erbaut. Prachtvolle Steinmetzarbeiten zieren das Portal des Haupthauses zum Innenhof mit einem uralten Chochláki-Boden. Heute ist es eine hübsche Café-Bar, wo auch Crêpes serviert werden. Erst abends geöffnet ist die Lindian House Bar an der Hauptgasse Richtung Péfki, vormals ein Stadtpalast aus dem 17. Jh. Die Musik ist zwar meist etwas zu laut, doch die aufwendige Architektur lohnt auch eine ›Innenbesichtigung‹ auf jeden Fall (ab 18 Uhr).

einfügen muß. Hier wird es im Sommer sehr voll. Eine Reihe von Tavernen sorgt fürs leibliche Wohl und kassiert auch für die *sunbeds* (800 Drs.).

Pállas Beach: Ist kaum leerer, doch sorgen die ankernden Boote für Flair, auch die Tavernen erinnern teils noch an alte Zeiten.

Ágios Pávlos Bay: Die kreisrunde, nur durch eine winzige Bresche geöffnete Bucht an der Straße nach Péfki bietet die ruhigste Badegelegenheit. Allerdings sind die Strände schmal und wenig reizvoll. Die Bucht soll übrigens entstanden sein, als der Apostel Paulus nach Líndos reiste und

kurz vor der Küste in einen Sturm geriet. Durch ein Wunder habe sich dem heiligen Mann da jene Bresche aufgetan, so daß er den Meergewalten entrinnen konnte.

Wassersport: Am Hauptstrand werden Pedalos vermietet. In der Saison eine Wasserski-Station von Direct Holidays (britischer Veranstalter) am Pállas Beach hinter dem Wellenbrecher.

Kálathos (F6): Der kleine Ort liegt etwa 5 km vor Líndos direkt an der vielbefahrenen Straße. Es gibt zwar etliche Unterkünfte (am Hang kleinere Studio-Pensionen, in der Strandebene unter anderem das Luxushotel Atrium Palace), doch fehlt ein echter Ortskern mit Flair. Auch der Strand zählt nicht gerade zu den schönsten der Insel.

Vlichá (F6): Ein besseres Ausweichquartier, wenn man in Líndos nichts findet, ist diese ringsum von Hügeln abgeschlossene Bucht abseits der Küstenstraße. Der Strand mit feinen Kieseln wird von Luxushotels gerahmt: links das Lindos Royal, rechts das Lindos Mare. Es gibt zwar ein paar Restaurants, Strandbars und Supermärkte, doch viel ist auch in der Hochsaison nicht los. Aber Líndos ist ja nicht weit. Busse fahren zwar nur 2 x tgl. dorthin, 3 x tgl. zurück (letzter Bus 15 Uhr), doch sind Taxis relativ günstig. Am Strand gibt's Wassersport über die Großhotels (Paragliding, Surfstation, Wasserski), dazu Bootsausflüge.

Info-Kiosk an der Platía Eleftherias (viele nützliche Aushänge und Broschüren-Verkauf). Darüber hinaus hilft **Lindos Suntours** bei allen Problemen (siehe Hotels).

Leider bieten deutsche Veranstalter Zimmer in Líndos überhaupt nicht an. Für britische Veranstalter ist der Ort jedoch ein Top-Ziel. Daher gibt es zwar sehr viele Unterkünfte (teils einfach,

teils komfortabel restauriert), in der Saison ist jedoch kurzfristig meist nichts mehr zu bekommen. Vorab kann man diese **Studios** aber problemlos (per Fax in Englisch) über folgende Adressen

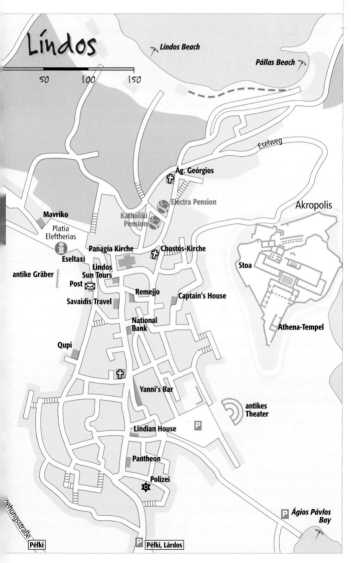

Líndos

50   100   150

Líndos Beach

Pállas Beach

Eselweg

Ág. Geórgios

Electra Pension

Akropolis

Mavriko

Katholikí Pension

Platia Eleftherias

Panagía Kirche

Chostós-Kirche

Stoa

Eseltaxi

antike Gräber

Líndos Sun Tours

Post

Remejjo

Captain's House

Savaidis Travel

National Bank

Athena-Tempel

Qupi

Yanni's Bar

antikes Theater

Lindian House

Pantheon

Polizei

Ágios Pávlos Bay

Péfki

Péfki, Lárdos

Szenen aus Líndos: Snackbude Corner Kebab...

(Büros jeweils an der Hauptgasse) buchen:

Lindos Suntours, Anastasiadis Tasos, Tel. 313 33, Fax 313 53, .

Pallas Travel, Manolis Pallas, Tel. 314 94, Fax 315 95.

Savaidis Travel, Nikos Savaidis, Tel. 313 47, Fax 314 51.

Zwei eher einfache Pensionen liegen am Weg der Esel zur Akropolis:

Electra: Tel. 312 66, günstig.

Ein Gästehaus, seit 1960 unverändert und von einer älteren Dame geleitet, die aus einem Agatha-Christie-Roman stammen könnte.

Katholiki: schräg gegenüber Electra, Tel. 314 45, günstig.

Einfache Zimmer an einem schönen, sonnigen Chochláki-Hof mit Familienanschluß. Beliebt bei Backpackern.

... an der Vlichá-Bucht

Yota Beach Hotel: in der Buchtmitte, Tel. 316 08, Fax 311 90, moderat/teuer.

Gut ausgestattete Mittelklasseanlage direkt am schönsten Strandabschnitt, alle Zimmer mit AC, TV und Kühlschrank. Zum Hotel gehört auch die nette Familientaverne Akrogialos.

Lindos Village: an der Vlichá-Bucht, ca. 4 km nördlich von Líndos, Tel. 422 62, Fax 422 67, Luxus. Eingang über die nördliche Zufahrt, Vor-Ort-Buchung jedoch über Lindos Royal an der unteren Zufahrt.

Das ehemalige Steps of Lindos ist eines der schönsten Häuser von Rhodos, jetzt unter LTI-Management (LTU-Tochter). Komfortabel, doch keineswegs mit gelecktem Nobelambiente, sondern tatsächlich im Stil eines rhodischen Dorfes: terrassenförmig an einen Felshang zum Meer gebaute kleine Häuser, dazwischen Bogengänge und viel Grün. Mit Abendanimation, Taverne im Haus, viel Wassersport, Pendelbus zum Strand. Wenn man es vor Ort bucht statt pauschal, jedoch viel zu teuer!

Agostino's: gleich unterhalb vom Parkplatz auf der Péfki-Seite, tgl. 11.30–14 und ab 18 Uhr.

Obwohl etwas abseits gelegen, sind doch schnell alle Tische besetzt. Das liegt nicht nur am wunderbaren Blick über den ganzen Ort zur Burg. Auch die Vorspeisen sind sehr fantasievolle Kreationen, z. B. Feta tso Fournou, Schafskäse in Tomatensauce aus dem Ofen.

... und Souvenirladen an der Gasse zur Akropolis

Die Hauptgerichte werden allerdings etwas englisch serviert. Dazu gibt es Landwein vom Faß.

Calypso: in der Seitengasse bei der National Bank, tgl. ab 18 Uhr. Ein altes Kapitänshaus mit aufwendiger Steinmetzerei. Nach tatsächlich karibischen Anfängen gibt sich die Küche nun traditioneller (gutes Exochiko!) und zitiert auch türkische Rezepte.

Arhontiko: am Ende der Hauptgasse Richtung Péfki, tgl. ab 18 Uhr. Das beste Restaurant der Stadt, sehr edel in zwei typisch lindischen Turmhäusern. Viele ungewöhnliche Gerichte, etwa Spinat-Crêpes, Shrimps-Sanganaki, Spetsofai (Bauernwürstchen in scharfer Sauce) oder Truthahn-Souvlaki. Meeresfrüchte stehen jedoch im Vordergrund. Nicht billig, Preise aber angemessen.

Mavrikos: Platía Eleftherias. 1933 begründet, und noch ganz im Stil der Italiener: schöner Chochláki-Boden und ›gotische‹ Arkaden mit schmiedeeisernen Gittern. In diesem traditionsreichen Rahmen speist man griechische Traditionskost.

Remejjo: in einer Gasse bei der Stadium Bar, tgl. ab 18.30 Uhr.

Etwas versteckt in einem schönen alten Haus mit Dachgarten und stilvoller Einrichtung. Griechisch-italienische Küche von drei jungen Leuten aus Athen. Manoli an der Bar (nettester Keeper im Ort) ist eigentlich Jazzmusiker und greift spät abends gern zur Jam-Session in die Saiten. Remejjo spricht sich übrigens ›Remetso‹!

Symposio: an der Hauptgasse kurz vor Yanni's Bar, tgl. 11.30–14.30 und ab 18.30 Uhr.

Führt die Tradition einer schon 1906 gegründeten Dorftaverne weiter. Schöne Terrasse mit Chochláki-Boden; Innen läßt man sich jetzt unter traditionellen Szenen aus Líndos Hummer und andere Feinheiten der griechischen Küche munden.

Souvenirs: Die Hauptgassen wirken wie ein riesiger Basar: T-Shirts & Urlaubsfummel, Keramik, Leder, Nippes. Vor allem am Fußweg zur Akropolis bieten die Frauen auch bestickte Decken und andere Stickereiwaren an. Hohe künstlerische Ansprüche erfüllen aber:

Galerie Arte Libre, nahe der Museum Bar: Keramik nach venezianischen und modernen Designs, Filigran-Schmuck und Ikonen.

O Volos, an der Hauptgasse nach Péfki. Wunderbare Modell-Segelschiffe, handbemalte Keramik und Kafenío-Preislisten von rhodischen Künstlern.

Antika: an der Hauptgasse kurz vor Yanni's Bar, tgl. ab 18 Uhr. Angesagte Bar indoor und outdoor, zumeist junges britisches Publikum. Funk, HipHop, Techno, es wird auch getanzt.

Lindos by Night: an der ›Barstraße‹ hinter der Post, tgl. ab 19 Uhr. Auf drei Etagen; von der schönen Open-air-Terrasse oben hat man einen tollen Líndos-Blick. Dort sitzt man übrigens vor den angestrahlten Felsgräbern aus der Frühgeschichte der Stadt.

Il Sogno: gegenüber Yanni's Bar, tgl. ab 18 Uhr.

Nette, moderne Bar, wo sich die Jungen und Schönen treffen, nach 22 Uhr ist dann der kleine Platz im Sommer gerammelt voll.

Socrates Place Bar: an der Hauptgasse hinter Yanni's, tgl. ab 19 Uhr.

In einem Kapitänshaus des 16. Jh., letzte Bastion des Rock in Líndos.

Yanni's Bar: an der Hauptgasse, durchgehend ab Frühstück. Yanni's mit seiner großen schattigen Terrasse ist der Meeting Point im ruhigeren Teil des Dorfs. Ab hier sind die meisten Häuser zu Studios umgebaut, die Tagesgäste bleiben meist weiter vorne. So ist man hier unter sich und »See you at Yanni's« die unverfänglichste Verabredung – da kommt eh' jeder vorbei.

Qupi: Barstraße, ab 24 Uhr.

Von außen ziemlich nichtssagend, aber das liegt an der Schallisolierung... Winzig kleine Tanzfläche; gespielt wird House und Funk.

Nama: an der Asphaltstraße zum Strand, nur Freitag ab 24 Uhr.

Einfache Open-air-Disco außerhalb des Orts in Strandnähe. Mangels Masse nur in der Saison lohnend.

Parken: ab 11 Uhr ist an der Einfahrt zum Ort und Strand Dauerstau. Autos parken dann besser vor dem Dorf oder dahinter, an der Straße nach Péfki. Am besten kommt man aber mit dem Bus oder dem Moped.

Busse: von Rhodos-Stadt vormittags etwa alle 30 Min., ab 13 Uhr alle 45 Min., letzter Bus gegen 18 Uhr, retour dito.

Von Gennádi (über Péfki, Lárdos, Kiotári) vormittags etwa stdl., nachmittags alle 90 Min., letzter Bus gegen 17 Uhr; retour dito, letzter Bus gegen 19 Uhr.

Mietwagen: Niki Rent a Car, hinter Lindian House Bar, MOB 093-432 301, Fax 480 72; Büro auch in Vlichá, Tel. 319 55.

Musik-Taverne Kiriákos

Tagsüber wirkt die Bouzoúki Tavérna Kiriákos am Pállas Beach eher nichtssagend und sogar fast ein bißchen schmierig. Doch an den Abenden, wenn hier live traditionelle griechische Rembétiko-Musik gespielt wird, geht's zu wie im Film. Dazu gibt es bodenständige Hausmannskost, die man mittags auf der Dachterrasse in schwindelnder Höh' genießt.

Boote: im Sommer tgl. gegen 14.30 Uhr vom Hauptstrand nach Rhodos-Stadt.

Péfki/Péfkos

Lage: F7
Vorwahl: 0244

Die ruhige Urlaubssiedlung in der Nähe von Líndos liegt unterhalb des völlig kahlen Marmári-Berges. Ringsum dehnt sich Felsenödnis, doch Péfki breitet sich idyllisch in einem grünen Kiefernhain aus. Daher hat der Ort auch seinen Namen – auch wenn keiner, selbst die Einheimischen nicht, so recht weiß, wie der genau lautet: Péfki (die Kiefern) oder Péfkos (die Kiefer) oder gar Péfka (bei den Kiefern)? Als Urlauber sind hier vor allem Engländer und Skandinavier vertreten, Großanlagen für Deutsche fehlen fast gänzlich. Doch ist Péfki ein ruhiges Ausweichquartier für den Besuch von Líndos und dem Süden von Rhodos (s. Extra-Tour 4, S. 90).

An der Péfki-Küste reihen sich mehrere kleine, meist schmale Strandstreifen mit schönem feinen Sand. Als **Main Péfkos Beach** wird der Hauptstrand bezeichnet, zu dem man beim Restaurant Enigma abbiegt.

Panos Travel: am Abzweig von der Líndos-Straße, Tel. 441 29, 440 03.
Touren, Wechsel, Rent a Car etc.; zugleich das zentrale Büro zur Vermittlung von Unterkünften.

Maria Aparts: kurz vor dem Main Beach, Tel. 483 26; 481 27, moderat/ teuer. Große Studios und Apartments von 60 Quadratmetern, gut ausgestattet und zentral gelegen, allerdings immer schon früh ausgebucht. Wer kein Glück hat, wendet sich an Panos Travel, der die meisten Studios hier vermarktet.
Thalia: an der Hauptstraße über Main Beach, Tel. 48108, Fax 482 49, moderat.
Nicht allzugroßer Mittelklassebau in einem schattigen Gartengelände mit schönem Poolareal. Sehr ruhig und relativ strandnah gelegen, mit eigenem Supermarkt, eine kleine Welt für sich.
Illysion: an der Líndos-Straße Richtung Lárdos, Tel. 481 49, Fax 481 48, teuer.
Komfort-Anlage direkt am Meer mit Tennisplätzen und mehreren Pools. Man vermietet Zimmer, aber auch Studios. Mit Bar, Restaurant und Minigolfplatz, aber doch sehr weit abseits vom Ort gelegen.

Coliseum: gegenüber von Panos Travel, tgl. ab 18 Uhr. Internationale und griechische Küche mit gutem Service in nachgebautem historischem Ambiente, künstlich, aber ganz nett.
To Spitaki: neben Coliseum, tgl. 10–15 und ab 18 Uhr. Sehr schön in einem 1913 gebauten Haus mit blühendem Garten. Griechische Traditionsküche, jetzt aber unter englischem Regiment.
Tsambikos Taverna: hoch am Hang beim ersten Abzweig aus Richtung Líndos, tgl. durchgehend. Die Küche mischt – wie fast überall hier üblich – griechische Klassiker und internationale Standards. Das Plus ist der sehr schöne Blick über die Ebene zum Meer.

Oasis Pool Bar: über dem Main Beach. Eine moderne Frühstücksbar mit großem Pool als

Alternative zum Strand. Man serviert ein gutes englisches Frühstück, dazu dudelt die BBC – in Péfki ist halt alles sehr englisch! Abends auch Restaurant.

Eclipse Bar: am Abzweig der Hauptstraße von der Líndos-Straße, gleich gegenüber der Bushaltestelle. Beliebte Gartenbar im Tavernenzentrum von Péfki. Das Gemäuer ist tatsächlich alt, man sitzt auch sehr hübsch – und so ist hier noch spätabends etwas los.

Lindos Pines Resort: In diesem Hotel gibt es einmal in der Woche einen griechischen Abend: eine Folklore-Show mit Bouzouki-Musik, Volkstänzen etc. (Mo 20 Uhr).

Busse: nach Rhodos-Stadt über Líndos morgens ab ca. 8 Uhr 4 x tgl., ab 14 Uhr 3 x tgl., letzter Bus gegen 17.30 Uhr; retour morgens ab 9.30 Uhr etwa alle 45 Min., ab 14 Uhr ca. stdl., letzter Bus ca. 18 Uhr ab Rhodos-Stadt, 19 Uhr ab Líndos.

Leihwagen: z. B. über Panos Travel (s. o.), Savaidis Travel (Tel. 481 30) oder Centre Rent a Car, alle an der Hauptstraße. Man vermietet Pkw, Mopeds (Roller) und auch Fahrräder.

Prasonísi (Prassoníssi)

Lage: B10
Vorwahl: 0244

Es scheint, als sei die Halbinsel Prasonísi der ›Höhepunkt‹ aller Inseltouren. Go south, bis es nicht mehr weiter geht: Nur wer bis zur Südspitze vorgestoßen ist, hat Rhodos wirklich gesehen. Und dann stehen sie alle neben dem Auto, zerren fröstelnd das Strandlaken ums knappe Top, stemmen sich gegen den Wind und mustern zögerlich die gischtigen Wellen. Wie an der Nordsee, so hatte man sich das ja nicht vorgestellt. Also schnell in die nächste Taverne…

Prasonísi Beach: Die breite Sandbrücke zum Inselchen Prasonísi ist die windigste Ecke von Rhodos: Wer hier ein Sonnenbad versucht, wird unbarmherzig gesandstrahlt. Je nach Jahreszeit und Windverhältnissen ist die Verbindung teilweise vom Meer überspült. Wenn man rüberfahren kann, führt eine Piste zu einem weiteren Strand, wo es aber ebenso windig ist.

Surfen: Wer es kann, ist hier in seinem Element. Prasonísi ist für Surfer einer der Hot Spots im Mittelmeer, und so gibt sich hier im Sommer eine eingeschworene Gemeinschaft das Stelldichein. 6 bis 8 Beaufort sind normal, und Publikum hat man ja auch!

Vroúlia: Am Hang rechts der Sandbrücke liegen die Reste einer Siedlung aus dem 7. Jh. v. Chr., die schon im 4. Jh. v. Chr. verlassen wurde. Von dieser Stadt aus einfachen Lehm-Steinhäusern erkennt man in Ansätzen die gerade den Abhang hochlaufende Stadtmauer, weiter westlich lag die Agorá.

Light House: Tel. 910 30, Fax 910 50, moderat.
Die Pension unter Schweizer Leitung ist fest in der Hand von Surfern; für Juli und August muß man frühzeitig reservieren.

Oasis: Tel. 910 31, moderat.
Neue Alternative für den, der im Light House nichts mehr bekommt.

An der Taverne von Maria Tutsi in Kattaviá kommt jeder auf dem Weg zum Surfer-Strand Prasonísi vorbei

Light House: In der Taverne des Surfer-Hotels wird Tagesausflüglern griechische Küche nach deutschem Geschmack serviert; natürlich spricht man auch deutsch.

Prasonisi Louis: Die schönste Taverne, neben dem Windrad, das hier die Wasserversorgung sichert. Alles lila-gelb und mit Fischerutensilien dekoriert; gute Fischgerichte.

Busse fahren nur 1 x tgl. bis Kattaviá. Von dort noch 7 km über jetzt asphaltierte Piste durch ein Übungsgelände des Militärs (Fotografierverbot!).

Rhodos-Stadt (Ródos)

Lage: H1
Vorwahl: 0241
Einwohner: 50 000
Extra-Tour: 1, S. 84

Eigentlich besteht die Stadt Rhodos aus drei Städten, die unterschiedlicher nicht sein könnten.

Zuerst die Altstadt, die Flanier- und Bummelmeile, wo sich ein mittelalterlicher Bau an den nächsten reiht. Dann die Neustadt, das Hotelviertel mit modernen Cafés, lauten Bars und schicken Läden – schrecklich, sagen die, die griechische Inselidylle suchen, und doch trifft sich hier an unzähligen Tavernentischen die Jugend aus allen europäischen Ländern. Und zuletzt gibt es noch die Außenbereiche, wo die Einheimischen leben.

Dreh- und Angelpunkt dieser ›geteilten‹ Stadt ist die Néa Agorá, der ›Neue Markt‹ am Mandráki-Hafen: Hier kommt man an, wenn man mit dem Bus in die Stadt fährt, hier starten am Hafen auch die Bootsausflüge.

Ein Bummel durch die Altstadt ist ein ›Muß‹ eines jeden Rhodos-Urlaubs. Dabei kann man sich treiben lassen, denn es gibt an jeder Ecke etwas zu entdecken – und zu kaufen, zu essen, zu trinken... Und auch wenn man sich mehr als einmal verirrt glaubt, unerwartet führt die nächste Gasse doch wieder auf die Hauptachsen – die Sokrates-Straße, die Orfeos-Straße oder die Platía Ippokratous.

Rhodos-Stadt

Orte von A bis Z

... in der Altstadt
Festungsmauern: auf die
Mauerkrone nur mit Führung:
Di und Sa ab 14.45 Uhr ab Groß-
meisterpalast, Eintritt 1200 Drs.
Eingang zum Graben (Medieval
Moat) beim Taxistand bei der Néa
Agorá und beim Amboise-Tor.
Die Mauern von Rhodos-Stadt
zählen zu den gewaltigsten und
besterhaltenen Festungswerken
des 15. Jh. Nachdem die Osmanen

mit ihrer damals modernsten Artillerie Europas 1453 Konstantinopel
bezwungen hatten, verstärkten
die Johanniter ihre Schutzwälle bis
zu einer Dicke von 14 m. Besonders mächtig sind die Georg-Basti-
on, die Marien-Bastion beim Atha-
násios-Tor und die Ágios Ioánnis-
Bastion beim Koskinoú-Tor.
**Großmeisterpalast (Palace of
the Knights):** Ippoton, Di–So
8–15, Juni–Aug. 8–20 und Mo

12.30–19 Uhr, Eintritt 1200 Drs. Wie eine Burg überragt die Residenz des Ordensführers die Ritterstraße. Daß der trutzige Bau erst 1940 von den Italienern fertiggestellt wurde, will man kaum glauben. Tatsächlich fiel der echte Palast 1856 der Explosion des Pulverlagers der Türken zum Opfer. Bei der Besichtigung sieht man eine Ausstellung zur antiken und mittelalterlichen Stadt, die Kopie der berühmten, von rhodischen Künstlern geschaffenen Laokoon-Gruppe und antike Bodenmosaiken von der Insel Kós.

Kirche Ágios Fanoúrios:
Agiou Fanouriou, Ecke Omirou, tgl. 9–12, 16–19 Uhr, Spende erwünscht.

Das kleine Kirchlein ist vermutlich die älteste Kirche von Rhodos-Stadt und könnte noch aus dem 9. Jh. stammen. Bis auf den Ein-

gangstrakt liegt sie tief unter dem heutigen Bodenniveau. Uralte Fresken, gedunkelt vom Kerzenruß der Jahrhunderte, bedecken die Wände.

Ritterstraße: Dieses Sträßchen, griechisch Ippoton genannt, ist das Rhodos-Highlight schlechthin. Links und rechts reihen sich die ›Herbergen‹ der Johanniter-Ritter, die an der Wende vom 14. zum 15. Jh. einheitlich im strengen Stil der Spätgotik entstanden. Besonders grandios ist die der Franzosen mit prachtvollen Wappenschildern über dem Eingang.

St.-Katharinen-Hospiz: Pindarou, Di–Sa 8.30–14 Uhr, So, Mo geschl. Aufwendig restaurierte Pilgerherberge aus der Ritterzeit. Besonders spannend: die Funde aus der antiken Müllkippe, die bei den Arbeiten entdeckt wurde.

Synagoge: Dosiadou, unregelmäßig geöffnet, Spende wird erwartet. Der von außen schlichte Bau mit dem prachtvoll in Rot- und Goldtönen erstrahlenden Betsaal ist das letzte Zeugnis der bis 1944 großen jüdischen Gemeinde von Rhodos. Nach der Besetzung der Insel durch die Wehrmacht wurden alle nach Auschwitz deportiert.

Türkische Bibliothek: Sokratous, Mo–Fr 9–14, Mi 17–19 Uhr, Sa, So geschl. Eintritt frei.
Die osmanische Bibliothek von 1793, gleich neben der Süleyman-Moschee, wurde sehr schön restauriert. Im Vorsaal sind Faksimiles einiger alter Handschriften ausgestellt. Der hintere Saal mit dem originalen Bücherschrank und uralten Koran-Ausgaben ist durch zwei Gitterfenster einzusehen.

Uhrturm (Roloj): 1 Orfeos, Altstadt, tgl. 8.30–2.30 Uhr. Prachtvoller Blick vom höchsten Aussichtspunkt der Stadt. Unten

ist ein Bistro, wo man Mezédes zum rhodischen Wein serviert.

... in der Neustadt

Aquarium: Kalimnou Lerou, 9–21 Uhr, Eintritt 600 Drs.
Die 1924 von den Italienern erbaute Anlage wirkt inzwischen etwas verstaubt. Die Stars sind zwei Meeresschildkröten, deren Alter man auf etwa 100 Jahre schätzt.

Grande Albergo delle Rose: Der riesige Hotelbau direkt vor dem Stadtstrand war das erste Urlaubshotel Griechenlands. Die Italiener bauten es Ende der 20er Jahre; seit 1999 ist es als Casino wiedereröffnet (s. S. 72).

Murad-Reis-Moschee: Platía Koundourioti, Sa–Do 10–19 Uhr, Spende wird erwartet.
Die Moschee inmitten des osmanischen Friedhofs ist der einzig zugängliche Bau aus türkischer Zeit. In einem Sarkophag unter der grünen Fahne des Islam liegt der Stifter Murad Reis begraben. Der osmanische Admiral starb 1609 in Rhodos, das damals Verbannungsort für Höflinge war, die an der Hohen Pforte in Istanbul in Ungnade gefallen waren. Ringsum reihen sich die Grabsteine, unter den mit Turbanen bekrönten ruhen andere verbannte Paschas. Im kleinen Haus am Ende des Friedhofs schrieb Lawrence Durrell übrigens sein Buch »Leuchtende Orangen« über Rhodos.

Néa Agorá: Der von den Italienern in etwas kitschigem ›Orientstil‹ erbaute Neue Markt ist unbestrittener Mittelpunkt der Stadt. Frühmorgens kann man im Innenhof der Fischmarkthalle manch merkwürdiges Seegetier bestaunen; in den Tavernen im Innenhof ißt man nicht schlechter als in der Altstadt, auf jeden Fall aber günstiger. An den Außenseiten findet

Markt, Freßmeile und Infobörse: die Néa Agorá

man Reisebüros und Geschäfte, an der Schauseite zum Hafen hin eher mondäne Cafés, wo man sogar Sachertorte bekommt.

Platía Eleftherias: Die breite Straße am Mandráki-Hafen war das Hauptprojekt des italienischen Faschismus auf Rhodos. Die hohle Pathetik der Bauten (Post, Rathaus, Nationaltheater) wirkt kein bißchen griechisch. Die Evangelismos-Kirche gegenüber ist ein originalgetreuer Nachbau der Konventskirche der Johanniter (das Original stand neben dem Großmeisterpalast), der ehemalige Gouverneurspalast dahinter zitiert den venezianischen Dogenpalast. Wie in Venedig beherrschen zwei Säulen – mit den Figuren von Hirsch und Hirschkuh – die Hafeneinfahrt.

Archäologisches Museum: Platía Mousiou, Di–Fr 8–15, Juni–Aug. 8–20, Sa, So 8–14.30 Uhr, Eintritt 800 Drs. Schon das Gebäude ist faszinierend, das Museum ist nämlich im ehemaligen Hospital des Ordens untergebracht. Sehr eindrucksvoll der 51 m lange und über 5 m hohe Hauptsaal: Beim Bau 1489 war dies das beste Krankenhaus Europas. Neben Grabsteinen der Ritterzeit sind die wichtigsten Stücke zwei Marmorfiguren der Liebesgöttin Aphrodite und ein Kopf des Sonnengottes Helios, der wohl als Marmorkopie des Koloß' von Rhodos entstand und zudem die Züge Alexanders des Großen trägt. Schön ist auch der Dachgarten mit antiken Skulpturen.

Byzantinisches Museum (Virgin of the Castle): Platía Mousiou, Di–So 8.30–15 Uhr, Eintritt 800 Drs.
Ikonen und Fresken aus dem 14. bis 17. Jh. Den Rahmen bildet die frühgotische Kirche Panagía toú Kastroú (Maria von der Burg), untermalt wird der Rundgang von orthodoxen Kirchengesängen: ein echter Kontrapunkt zum Rhodos-Flair der Disco- und Strandszene.

Pinakothek (Municipal Art Gallery): Platía Simis, über der Ionion Bank, Mo–Sa 8–14, 17–20 Uhr, Juni–Aug. Mo–Sa nur 8–14 Uhr.
Guter Überblick über die neugriechische Malerei seit Mitte des 19. Jh.; gegründet von Andreas Ioannou, dem späteren Direktor der Athener Pinakothek. Stile vom

Impressionismus bis zur Pop Art.
Volkskunstmuseum (Decorative Art Museum): Platía Argirokastrou, Di–So 8.30–15 Uhr, Eintritt 800 Drs.

Im Seitentrakt des alten Ordenshospitals; neben Möbeln, Hausrat und Trachten der rhodischen Dörfer eine Sammlung an lindischen Keramiktellern. Solche Teller waren im 19. Jh. das beliebteste Mitbringsel der Seefahrer von Líndos.

Elli Club Beach: Baden kann man in Rhodos an der gesamten Küste der Neustadt, doch die schönsten Mädchen und die aufregendsten Griechenjungs sieht man auf dem Abschnitt beim Elli Club, dem Strandpavillon aus italienischer Zeit. Dieser Strand ist praktisch das Freibad von Rhodos – mit Sprungturm im Meer, Beach-Volleyball und Brettersstegen. Mitunter aber etwas arg windig.

Monte Smith: über Odos Voriou Ipirou zu erreichen oder per Stadtbus Nr. 5; ständig zugänglich.

Auf dem Hügel, benannt nach einem englischen General aus den Napoleonischen Kriegen, lag einst die Akropolis des antiken Rhodos. Erhalten blieb wenig: einige Säulen des Apollon-Tempels, das Stadion, ein kleines Theater, das die Italiener quasi neu bauten und etliche in den Fels eingetiefte Kultstätten. Der Ausflug lohnt aber wegen der Aussicht über das wuchernde Häusermeer der Neustadt auf die Altstadt. Kaum zu glauben: In der Antike war die Stadt noch ein Drittel größer als heute.
Rodíni-Tal: an der Straße nach Faliráki, Stadtbus Nr. 3.

Gleich am Stadtrand eine grüne Idylle, ein beliebtes Picknickziel der Rhodier. In alten Zeiten wurden hier die Toten in Felsgräbern beigesetzt, heute kann man bei den Tavernen am Beginn des von einem Bach durchzogenen Tals freilaufende Pfauen bewundern.

Info-Büro: Platía Rimini, gegenüber der Néa Agorá; nur in der Saison, Mo–Sa 8.30–18.30 Uhr.
EOT-Büro: Ecke Papagou/Makariou, Mo–Fr 8–14 Uhr, Tel. 236 55, Fax 269 55.
Castellania Travel: Evripidou 1, an der Platía Ippokratous, tgl. 10–21 Uhr, Tel. 758 60, Fax 758 61.

Auskünfte in sämtlichen reisepraktischen Dingen, Geldwechsel und Hilfe in allen Lebenslagen.

In der Altstadt muß man auf Komfort zwar verzichten, bekommt dafür aber sehr viel Flair. Die Hotels in der Neustadt haben einen schlechten Ruf, werden jetzt aber zunehmend renoviert.

... in der Altstadt
Olympos: 56 Ag. Fanouriou, Tel./Fax 335 67, günstig.

Ruhrpottler aufgepaßt: Der Besitzer hat in Hagen gearbeitet und spricht gut Deutsch. Zimmer mit Bad um den hübschen Innenhof, klein, aber nette Atmosphäre.
Pink Elefant: 42 Irodotou, Tel./Fax 224 69, günstig.

Ganz versteckt im stillsten Teil der Altstadt ein kleines Paradies. Keine großen, aber sehr schöne Zimmer in Grau und Rosa mit Bad. Sehr aufmerksam geführt.
Andreas: 28D Omirou, Tel. 341 56, Fax 742 85, moderat.

Schöne Zimmer mit Dusche, von der verglasten Bar-Terrasse toller Blick über die Stadt. Das alles in einer verwinkelten Anlage mit vielen Blumen und lockerer Inselhopper-Atmosphäre.

Das freut den Leierkastenmann: an der Platía Ippokratous kommt beim Stadtbummel jeder vorbei

La Luna: 12 Ierokleous, nahe Orfeos, Tel./Fax 258 56, moderat. Ruhig gelegen, aber nah zum Trubel, 7 Zimmer in 300 Jahre altem türkischen Haus ohne Bad: Die Dusche ist ein altes türkisches Hamam. Die Wirtin und die Tochter des Hauses sind Deutsche, das macht die Adresse etwas zu teuer.

... in der Neustadt

Eva Aparts: 22 Iroon Politechniou, Tel. 295 08, Fax 367 20, moderat.
15 großzügige Studios und Apartments mitten in der Stadt. Viel Leben, da im Ausgehviertel der Griechen, aber etwas laut.

Victoria: 25-Martiou, Ecke Amerikis, Tel. 246 26, Fax 366 75, moderat.
Freundliches Haus im nicht allzu lauten Geschäftsviertel nahe dem Kaufhaus Pappou. Viel Marmor, Zimmer mit Balkon, nah beim Hauptstrand.

Chevaliers Palace: 3 G. Griva, Tel. 227 81, Fax 214 11, teuer.
Etwas patinierter Luxus aus der Zeit, als Sean Connery noch 007 mimte. Genau das Richtige für Fans der mondänen 60er: stilecht und sehr charmant! Leider nicht

pauschal zu buchen, hat aber immer Zimmer frei.

Mediterranean: 35 Kos, Tel. 246 61, Fax 228 28, teuer.
Fast das einzige Stadthotel, das man pauschal buchen kann. Der nüchterne Kasten mit 292 Betten liegt direkt am Stadtstrand, 1998 wurde umfassend renoviert.

Alexis: 18 Sokratous, Altstadt, Tel. 29347, tgl. 12–15, 19–24 Uhr.
Berühmteste Fischtaverne der Altstadt, gegründet 1957. Hummer und anderes Meergetier vom Feinsten. Sehenswert, weil seit den Zeiten, als Onassis hier einkehrte, der Innenraum unverändert ist. Man zahlt allerdings ordentlich und sollte unbedingt reservieren.

Casa Castelana: 33 Aristotelou, Altstadt, tgl. 11–24 Uhr.
Großes schattiges Gartenlokal hinter der Kastellania, dem Handelskontor der Ritter. Hier ließ sich schon Willy Millowitsch das Souvlaki schmecken.

De Loucas: 27 Kos, Neustadt, tgl. ab 12 Uhr.
Die Taverne ist genauso alt wie das Hotel des Roses und scheint seit

75

dieser Zeit kein bißchen verändert. Griechische Hausmannskost, wie sie in der Neustadt selten ist.

Ellinikon Grill: Papanikolaou/ Kos, Neustadt, tgl. ab 11.30 Uhr.
Der Name täuscht, man serviert Gerichte von Moussaká bis Hummer. Der Clou ist aber das Gebäude aus der Italienerzeit, das sehr fein renoviert wurde.

Kostas: 62 Pithagora, tgl. ab 18.30 Uhr.
Eher schlichtes Lokal, doch beliebt bei Backpackern. Kurios: der Wirt sammelt Empfehlungsschreiben, die am Eingang aushängen.

Mediterraneo: 39 Eshilou, tgl. ab 18.30 Uhr.
Freiluftrestaurant etwas im Abseits, wo junge Italiener ausgezeichnete Pasta auf die Teller zaubern.

Oasis: Platía Dorieos, tgl. ab 11 Uhr.
Urige Taverne vor der Redjep-Pascha-Moschee. Ein riesiger Ficus-

Baum spendet Schatten, abends schmettert der Wirt schon mal Versatzstücke von Opernarien. Beliebt bei den Inselhoppern aus den Pensionen an der Omirou.

Olympia: 4 Makariou, Neustadt, Tel. 342 19, tgl. ab 11 Uhr.
Tagsüber Café-Terrasse und Restaurant, abends (20–24 Uhr) griechische Live-Musik.

Philippos: Apelou, Ecke Efdimiou, tgl. ab 11 Uhr.
In der Paléa Agorá, dem ›Alten Markt‹, an der Hauptflaniermeile: Wo früher die Männer im Kafénio hockten, tafelt man heute griechisch-international. Die prominente Lage und der exquisite Service haben aber ihren Preis.

Plaka: Platía Ippokratous, Altstadt, Tel. 356 95, tgl. 12–15, 18–24 Uhr.
Fischrestaurant im Obergeschoß einer alten Loggia. An den Wänden hängen die Bilder all der Jet-set-Schönen, die hier vor Ihnen speisten. Der Blick auf den Hauptplatz der Stadt ist einfach toll.

Romeo: 7 Menekleous, Altstadt, tgl. ab 18 Uhr.
Etwas versteckt ganz lauschig in einer Seitengasse der Sokratous gelegen. Vom Essen erwarte man nicht zuviel, doch dazu gibt's jeden Abend Bouzouki-Musik live.

Symposium: 21 Ippodamou, Altstadt, tgl. 10–24 Uhr.
Sehr schön eingerichtet in zwei alten Häusern, die Küche ist aber etwas durchschnittlich.

Insel-Küche in der Stadt

Das Sto Diafani gegenüber der Mustafa-Pascha-Moschee ist eine Familientaverne, wie es sie in Rhodos-Stadt eigentlich gar nicht mehr gibt. Hier kochen Karpathioten wie zu Hause – man kann sogar noch in die Töpfe gucken, um sich inspirieren zu lassen. Viele bäuerliche Spezialitäten, serviert in einem lauschigen Garten. Platía Arionos, Altstadt, tgl. 10–23 Uhr.

Rhodos-Stadt ist das Shopping-Paradies. Hier wird alles verkauft, von Orientteppichen aus Thrakien über Pelze aus Kastoria bis hin zu Nobel-Kunstwerken von Athener Künstlern.

Souvenirs

Aelos: 5 Apelou. Originelle Keramik und farbiges Glas à la Daume.

Maßgerecht angefertigt: mit so einem Souvenir kann man nichts falsch machen. Dauert keine Stunde, ist nicht zu teuer und meist sogar erstaunlich lebensecht

Traditionelle griechische Motive, von Künstlern neu designed.

Art Line: 14 Polidorou. Gold- und Silberarbeiten, z. T. mit eingearbeiteten antiken Münzen (meist Kopien).

Cast & Reproductions: Platía Mousio. Gegenüber vom Archäologischen Museum werden Repliken berühmter griechischer Kunstwerke verkauft.

Stefanos Gianotakis: 58 Sokratous, Altstadt. Schöne handgemachte Kupfer- und Messingwaren, teils auch ältere Stücke.

Kir. Hartofilis: 81 Sokratous, Altstadt. Handgemalte Ikonen in alter byzantinischer Tradition; man bekommt aber auch katholische Heiligenmotive.

Nikos Koukoulis: 4 Sokratous, Altstadt. Handgeschnitzte Teetische, Paravents, Schmuckkästchen etc. in türkischer Tradition.

Royal Carpet: zwei Läden in der Altstadt. In 33 Apelou Orientteppiche aus Thrakien in türkischer Tradition; im Laden etwas weiter an der Ecke zur Polidorou (17 Apelou) fantastische Antiquitäten: v. a. filigrane Silberarbeiten und Keramik. Die stolzen Preise sind berechtigt.

Trik-Mai-Fort: 14 Alex. Diakou, Neustadt. Hochwertige Antiquitäten, Keramik- und Glaswaren.

Life Style

Adrenaline Hard Core Sports: 13 Alex. Diakou, Neustadt. Marken-Equipment für genau eben dieses – Surfer, Taucher, Freeclimber etc. sind hier richtig.

Beneton: 7, 23 und 29 Plastira, Neustadt. Drei Läden: einmal Männer, einmal Frauen, einmal Accessoires.

EUA: 10 Dethemeli, Neustadt. Bademoden von Bolero de Paris bis Sloggy.

Illias Lalounis: Platía Musiou, Altstadt. Am Platz beim Archäologischen Museum hat der bekannteste griechische Nobel-Juwelier ein Lädchen, wo man für wenig Ware ordentlich Geld loswerden kann

Manuel Music Centre: 25-Martiou, Ecke Amerikis, Neustadt. Die beste Auswahl an Kassetten und CDs: aktuelle Hits, griechische Traditionels und Pop.

Mostra: 5 25-Martiou/E. Dodekanision). Italienische Schuhe.

Paul & Shark: 37 Sokratous. Sportliche Nobelkleidung aus England im Segler-Look.

Pappou: 8 25-Martiou. Großes Kaufhaus in der Neustadt, gutes Drogerie-Sortiment.

Wochenmarkt: Mi vormittags an der Vironos beim Diagora Stadium: sehr bunt, sehr volkstümlich.

Elli Club: Platía Koundourióti. Im Keller des Strandpavillons der Italiener ein Night Club, wo Griechen hingehen, um Rembétiko zu hören.

Barstraße Orfanidou: In der Orfanidou kurz vor dem Weststrand reihen sich die Bars. Hier kann man in zwei Stunden eine Reise durch halb Europa machen: von der Bar Holland ins britische Red Lion, zu den Belgiern im Café Charly, zum irischen Pete's Pub oder in den Blåbars Shots im Zeichen des Elches. Abends der Szenetreff schlechthin! ›Shots‹ sind hier übrigens das, was der Westfale ›Kurze‹ nennt…

Blue Lagoon Bar: 3 25-Martiou, tgl. ab 10 Uhr. Eine Piratenbar mit Galeere, Wasserfall und Pool, die aus einem Peter Pan-Film stammen könnte: lauter große Kinder, doch wer macht Capt'n Hook?

Colorado Pub: 57 Orfanidou, tgl. ab 21 Uhr. Live-Musik in Club-Atmosphäre, zumeist Rock.

Demetriades: unter den Arkaden der Néa Agorá zum Mandráki. Traditionsreiche Konditorei, 1922 gegründet. Serviert feine Kuchen in Wiener Kaffeehaustradition, die Ober sind die besten von Rhodos.

Gas Disco Club: 2 25-Martiou, Neustadt, März–Okt. tgl. ab 24 Uhr. Der größte Tanzschuppen der Stadt. Hits, Techno, Funk in der 25 000-Watt-Dröhnung.

Harley Davidson Cafe: Martiou, Ecke Amerikis, Neustadt, tgl. 10 bis 24 Uhr. In schönem klassizistischen Altbau mit Harley-Sätteln als Barhocker; super Cappuccino!

JPS Disco Club: Platía Akadimias, Ecke 25-Martiou, tgl. ab 24 Uhr. In-Disco im Keller, man spielt Funk, HipHop und Techno, meist mehr Griechen als Touristen.

Road House: Alex. Diakou nahe Vas. Sofias, März–Okt. tgl. ab 21 Uhr. Disco mit Live-Musik; jeden Abend ›Playmate live on stage‹, 21–23 Uhr Happy Hours, aber ohne Playmate.

Playboy Casino: im Grande Albergo delle Rose; Mindestalter 23 Jahre, Eintritt 5000 Drs. Roulette, Poker, ›einarmige Banditen‹… und Bunnys.

Rodos Internet Club: 11 Iroon Politechniou, tgl. 10–13, 17–23 Uhr. PC-Games, Internet Surfing und Druck-Service; im Internet: www.ric.gr.

Feiertage: s. S. 14

Nelli Dimoglu Folk Dance Theatre: 7 Andronikou, Altstadt nahe Mustafa-Pascha-Moschee, Mai bis Okt. Mo, Mi, Fr jeweils 21.15–23 Uhr, Erwachsene ca. 3000 Drs. (s. S. 15)

Sommerkonzerte: Juni–Aug. Klassik in der teilrenovierten Kirchenruine der Panagía tou Bourgoú (Virgin of the Burgh, Anfang Alchadef). Melina Merkouri Medieval Moat Theatre s. S. 15.

Sound & Light: im Park an der Platía Rimini bei der Néa Agorá. In Deutsch Di, Do 21.15, Mi 22.15, Fr, Sa 20.15 Uhr, s. S. 15.

Stadtbusse: Die sechs Linien verkehren 6.30–21 Uhr. Info an der Haupthaltestelle am Mandráki-Hafen gegenüber der Néa Agorá.

Fernbusse s. S. 23; genaue Fahrpläne beim städtischen Info-Büro.

Ausflugsschiffe: Am Mandráki-Kai liegt eine ganze Armada von Ausflugsbooten. Ein ›Muß‹ sind Fahrten zur Nachbarinsel Sými (s. Extratour 5, S. 92), es gibt aber auch Touren per Schnellboot zu den Inseln Tílos, Níssyros und Kós oder ins türkische Marmaris (Personalausweis genügt). Man kann sich nach Líndos schippern lassen oder Ausflüge an die schönsten Strände der Ostküste machen. Für sportlich Ambitionierte gibt's Scuba Diving oder Angeltörns.

Mietwagen: Alamo, 18 28-Oktovriou, Tel. 735 20, Fax 735 73. Renommierte griechische Agentur, Büros auch am Flughafen, in Ixiá und Kálathos bei Líndos.

So sehen sie alle aus: die Schmetterlinge vom Petaloúdes-Tal

Theológos (Thólos)

Lage: E2
Vorwahl: 0241
Einwohner: ca. 1500

Der Ort, den die Einheimischen meist nur kurz Thólos nennen, ist die jüngste Hotelzone an der Westküste – wenn man als dörflich mag – auch die schönste. Während das alte Dorf mit seinen engen Gassen, hübschen traditionellen Häusern und Blumengärten oben am Hang liegt, erstreckt sich die Hotelzone in der Küstenebene. Auch abends lohnt ein Bummel in den Ort, denn dort steht mit dem Drossia die stimmungsvollste Dorftaverne von Rhodos. Einziger Wermutstropfen: das nahe Kraftwerk von Soroní, das sich dräuend am Horizont erhebt.

Thólos Beach: Der Strand zählt zu den schönsten der Westküste, sauber, sandig bis feinkieselig, auch der Wind ist hier schon nicht mehr so stark wie im Norden. Wassersport bieten die Großhotels Alex Beach und Doreta Beach.

Petaloúdes (F3): Etwas nördlich vom Ort zweigt von der Küstenstraße eine gute Piste ins Binnenland zum ›Schmetterlingstal‹ ab (10 km). Den Namen hat das dicht bewaldete Tal von einer besonderen Schmetterlingsart (dem ›Gepunkteten Harlekin‹, Callimorpha quadripuncta), die sich hier im August in großen Scharen zur Paarung einfinden. Oder besser einfanden, denn seit das Tal eines der beliebtesten Ausflugziele auf Rhodos wurde, werden es jedes Jahr deutlich weniger. Aber auch in den anderen Monaten ist Petaloúdes eine echte Idylle: durchflossen von einem Wasserlauf, der Becken und kleine Wasserfälle bildet; Holzstege erschließen angenehm kühle Rastplätze. Am unteren Ende des Tals bietet die Taverne Petaloúdes griechische Traditionsküche; steigt man ganz empor, kommt man zum Kloster Moní Panagía Kalópetra (›schöner Fels‹): wie wahr!

79

Fánes: Das Strandareal des kleinen, in Olivenhainen und Weingärten versteckten Weilers 5 km südlich ist ein beliebter Surfer-Treffpunkt. Unter den einfachen Pensionen und Restaurants ist das Delfini ein Geheimtip. Ein kleines Blumenparadies direkt am Strand mit sehr nettem Wirt und Surfstation. Die Zimmer sind einfach, aber das spielt keine Rolle, wenn man abends in großer Runde zusammensitzt. Zu buchen über Viva Surf Reisen, aber auch Nicht-Surfer are welcome (Tel. GR 0241/ 413 69, Fax 416 75, günstig).

Friendly Corner: am Abzweig ins Dorf Thólos, Tel. 413 73 oder 410 18, günstig. Großzügige Zimmer mit Balkon, gut gelegen zwischen Strand und Dorf. Mit Café-Bar.

Asterias: am Anfang der Hotelzone aus Richtung Kremastí, Tel. 819 02, Fax 820 64, moderat. Einfache Mittelklasse mit 40 Zimmern und Pool, zum Strand geht man nur einige Meter.

Nirvana Beach: nahe Asterias, Tel. 824 27, Fax 817 70, moderat. Einfache Mittelklasse, aber aufmerksam geführt, direkt am Strand mit Pool und Tennisplatz.

Alex Beach: Tel. 824 22, Fax 824 24, teuer. Schöne Clubanlage mit 80 Zimmern und Zwei-Raum-Bungalows, die sich auf großem Gartenareal von der Küstenstraße bis zum Strand erstreckt. Am originellen Pool in der Mitte fühlt man sich wie im griechischen Dorf. Mit Sportanimation, Surfschule und Mountainbike-Verleih, Miniclub für die Kleinen und Abendshows.

Drossia: im Zentrum von Thólos. Eine echte Dorf-Taverne, wo bei dröhnender Musik und Fototapete vom deutschen Wald bäuerliche Küche serviert wird. Sehr beliebt. Wenn es voll wird, und das wird es immer, müssen alle zusammenrücken.

Mike's: am Anfang der Hotelzone Richtung Rhodos. Beliebte Taverne, denn die Auswahl ist gut und Mike sorgt mit Bouzouki-Musik für Stimmung.

... südlich an der Küste

Kalavárda: unter den Fischtavernen, die etwa im Kilometerabstand an der Küste liegen, ist diese beim gleichnamigen Dorf die beste. Ein großzügiger Bau mit Bogenarchitektur, groß genug um eine ganze Hochzeitsgesellschaft aufzunehmen. Man sitzt aber auch in kleiner Runde schön und tafelt frischen Fisch mit Retsína: ein Fest für Gaumen und Seele.

Panagíria: Am 13./14. August feiert das ganze Dorf im Kloster Kalópetra; das Fest der Pfarrkirche Ágios Spyrídonos findet Anfang Dezember statt.

Busse: nach Rhodos-Stadt 3 x tgl. von 9 Uhr bis mittags, 5 x tgl. nachmittags, letzter Bus gegen 22.30 Uhr, retour dito, letzter Bus gegen 21.30 Uhr.

Tsambíka

Lage: G4

Der Name Tsambíka vereint die Extreme: Bikini-Schönheiten am Traumstrand einerseits und fromme Pilger zur wundertätigen Marienikone andererseits. Die Mischung sorgt auch für ein auf Rhodos einzigartiges Phänomen: Da dieses Küstenstück immer noch im Besitz des Klosters ist, findet man hier den einzigen besse-

Traumstrand unter heiliger Kirche: Tsambíka Beach

ren Strand der Insel, an dem tatsächlich kein einziger Neubau steht, und wo die Landschaft so unberührt blieb, wie man sich das immer erträumt. Kein Wunder also, daß hier ab 10 Uhr morgens die Mopeds im Pulk anrauschen.

Kýra Tsambíka: Benannt ist der Strand nach dem Kapellchen Kýra Tsambíka auf dem steilen Berg am Südende der Kolýmbia Bucht, zu dem eine steile Straße und dann ein ebenso steiler Treppenweg führen. In der Kirche wird eine berühmte Marienikone verwahrt, zu der früher jungverheiratete oder kinderlose Frauen pilgerten, die sich Kinder wünschten. Nach mühsamem Aufstieg (die Straße gab's damals noch nicht) verbrachten sie die Nacht in der Kapelle – wenn dann ein Kind kam, erhielt es den Namen Tsambiko (als Junge) oder Tsambika (als Mädchen). Tatsächlich ist das einer der häufigsten Vornamen auf Rhodos, und auch die vielen silbernen Votiv-Plättchen als Dankgaben an die Maria zeugen vom Erfolg der Ikone. Solche Pilgergänge gibt es natürlich nicht mehr, doch die Taverne Panoramic, wo der Aufstiegspfad beginnt, ist für Hochzeitsfeiern besonders beliebt. Von ganz oben hat man eine tolle Aussicht auf die Strandsicheln von Kolýmbia und Tsambíka bis hinüber zum Kastell Feraklós.

Moní Tsambíka: Das Kloster der Tsambíka-Maria, etwa 1 km weiter Richtung Archángelos direkt an der Líndos-Straße gelegen, entstand ab dem 18. Jh. Die prachtvoll ausgestattete Klosterkirche besitzt eine aufwendig in typisch rhodischer Manier geschnitzte Ikonostase. Am Wochenende öffnet im Kloster eine Taverne, dann werden Spezialitäten wie Kokorétsi (Innereienwürstchen) am Grill zubereitet.

Tsambíka Beach: Der wunderbar feine Sandstrand ist der schönste der Ostküste. Trotz der vielen Besucher gibt es nur zwei Behelfstavernen am Nordende. Man vermietet aber Sonnenliegen und hat sogar Duschen installiert.

Busse: alle Busse auf der Líndos-Straße halten am Abzweig zum Strand und zur Berg-Kirche.

81

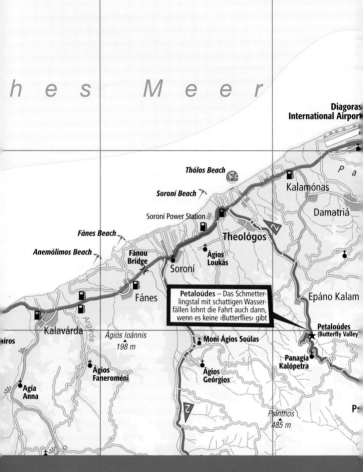

hes Meer

Diagoras International Airport

Thólos Beach

Soroní Beach

Kalamónas

Soroní Power Station

Damatriá

Theológos

Fánes Beach

Anemólimos Beach

Fánou Bridge

Ágios Loukás

Soroní

Fánes

Petaloúdes – Das Schmetterlingstal mit schattigen Wasserfällen lohnt die Fahrt auch dann, wenn es keine ›Butterflies‹ gibt

Epáno Kalam

Kalavárda

Ágios Ioánnis 198 m

Moní Ágios Soúlas

Petaloúdes (Butterfly Valley)

Panagía Kalópetra

iros

Ágía Anna

Ágios Faneroméni

Ágios Geórgios

P:

Psinthos 485 m

EXTRA-

Fünfmal Rhodos entdecken

1. Auf den Spuren der Ritter: Ein Stadtbummel durch unbekannte Ecken der Altstadt von Rhodos-Stadt
2. Kulinarische Entdeckungen – Ursprüngliche Dörfer und Tavernen rund um das Psínthos-Massiv: Pastída, Maritsá, Psínthos, Thólos

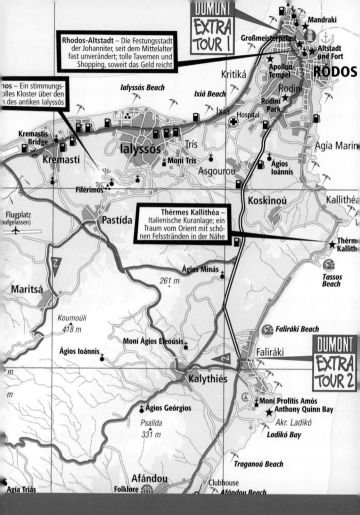

Rhodos-Altstadt – Die Festungsstadt der Johanniter, seit dem Mittelalter fast unverändert; tolle Tavernen und Shopping, soweit das Geld reicht

DUMONT EXTRA TOUR 1

...os – Ein stimmungsvolles Kloster über den ...n des antiken Ialyssós

Thérmes Kallithéa – Italienische Kuranlage; ein Traum vom Orient mit schönen Felsstränden in der Nähe

DUMONT EXTRA TOUR 2

Mandraki
Großmeisterpalast
Altstadt und Fort
RODOS
Apóllon Tempel
Kritiká
Rodini
Rodini Park
Ialyssós Beach
Ixiá Beach
Ixiá
Hospital
Agía Marin...
Kremastís Bridge
Kremastí
Ialyssós
Tris
Moní Tris
Ágios Ioánnis
Filérimos
Asgouroú
Koskinoú
Kallithé...
Flugplatz (aufgelassen)
Pastída
Thérm... Kallith...
Tassos Beach
Ágios Minás
261 m
Maritsá
Koumoúli 418 m
Faliráki Beach
Ágios Ioánnis
Moní Ágios Eleoúsis
Faliráki
...m
Kalythiés
...m
Ágios Geórgios
Psalída 331 m
Moní Profítis Amós
Anthony Quinn Bay
Akr. Ladikó
Ladikó Bay
Traganoú Beach
Afándou
Agía Triás
Folklore
Clubhouse
Afándou Beach

Touren

3. Wein, Honig & Oliven – Dörfliche Traditionen zwischen Profítis Ilías und Attávyros: nach Apóllona, Émbona und Siánna

4. Vergessene Städte – Durch den ›wilden‹ Süden von Rhodos: nach Apolakkiá, Mesanagrós und Lachaniá/Plimmýri

5. Inseln der Schwammtaucher – Sými und Chálki

Mittelmeer

Rhodos
Monte
Smith

Auf den Spuren der Ritter: Durch die Altstadt von Rhodos

Würden die Ritter von Rhodos heute ihre Stadt wiedersehen, sie kämen in der Neustadt aus dem Staunen nicht mehr heraus – doch in der Altstadt könnten sie sich noch zu Hause fühlen. Nichts scheint sich seit dem Jahr 1522 verändert zu haben, als der Ritterorden der Johanniter nach einer Belagerung und gewaltigen Verlusten seine Festung räumen mußte. Selbst in den Läden, wo heute Souvenirs zu haben sind, stapelten sich schon damals die Waren.

Diese Tour beginnt an der Néa Agorá, der Endstation aller Inselbusse. Am besten fährt man in der Woche, da sonntags manche Läden und montags die meisten Museen geschlossen sind; wer an dem Gang über die Mauern (s. S. 70) interessiert ist, sollte dienstags oder samstags fahren.

Von der **Néa Agorá** gehen die meisten mit dem Strom der Masse durch das Eleftherias-Tor in die Stadt, folgen dann den großen Souvenirmeilen, der Apelou- und Sokratous-Straße, um dann bald in einer der Tavernen an der Orfeos erschöpft niederzusinken.

Wer mehr sehen will, schwenkt vor dem Taxistand nach rechts zum Eingang des **Festungsgrabens** (Medieval Moat). Entlang turmhoher Mauern kann man die ganze Altstadt umrunden – selbst heute liegen hier noch die steinernen Kanonenkugeln der Türken herum. Wir verlassen den Graben jedoch wieder beim Amboise-Tor, dem schönsten Tor von Rhodos, und kommen so zum **Großmeisterpalast** (s. S. 70). Gleich hinter dem Tor warten Porträtisten auf Kundschaft: Ein Bild dauert etwa eine Stunde, ist meist erstaunlich gut und nicht zu teuer.

Am Großmeisterpalast geht es links hinunter zur Ippoton, der berühmten ›Ritterstraße‹ – die einzige museal-steril restaurierte Ecke in der Stadt. Durch eine Torbogengasse hinter der Spanischen Herberge nun wieder rechts, aus der sonnengleißenden Gotik ins kühle Dunkel verschwiegener Sträßchen, wo man oft mit ausgestreckten Armen beide Hausfassaden berühren kann. Wenn's wieder laut wird, ist man auf der **Sokratous,** links springt der Balkon der nach Mekka ausgerichte-

Mächtige Mauern: Im Graben der Ritterstadt

ten, quer zur Straße stehenden Agha-Moschee vor. Auch die **Mustafa-Pascha-Moschee** mit dem byzantinischen Brunnen, die man durch das Menekleou-Gäßchen erreicht, bricht so aus dem auf die Antike zurückgehenden Straßennetz aus. Im türkischen Hamam gegenüber baden selbst heute noch die Einwohner der Altstadt, denn auch die Sanitärs ihrer Wohnungen entsprechen fast mittelalterlichen Zuständen.

Verlassen Sie nun den stillen Platz durch die Gasse rechts der Moschee, und bald stehen Sie auf der **Ágiou Fanoúriou-Straße,** einer der schönsten der Stadt. Wie fast alle Nebenstraßen ist sie mit Kieseln gepflastert; kleine Lädchen verkaufen schönes Kunsthandwerk. Am Südende steht die uralte Kirche Ágios Fanoúrios (s. S. 70), dahinter kommt man zur **Platía Dorieos,** dem Treffpunkt der Inselhopper, die in den Pensionen entlang der Omirou preiswert unterkommen. Der baldachinartig überdachte Brunnen der **Redjep-Pascha-Moschee** und ein immenser Ficus-Baum setzen die Akzente auf diesem Platz, wo die Kinder noch Fußball spielen.

Durch ein Tor kommt man auf die **Omirou,** in deren düsteren Tante Emma-Läden und Café-Bars das Herz des alltäglichen Rhodos schlägt. Touristen trifft man hier selten, dafür kann es passieren, daß einem (unabsichtlich) ein Eimer Abwaschwasser vor die Füße gekippt wird.

Nach einem Schwenk rechts die Pythagoras hinauf kommt man zum Koskinoú- oder **Ágios Ioánnis-Tor.** Es lohnt, durch den mehrfach gewinkelten Torgang zu gehen, um einen Eindruck von den Steinmassen zu bekommen, die die Ritter als Schutz vor der gefürchteten osmanischen Artillerie auftürmten. Dann zurück und die **Pythagoras** hinunter: Das Steinpflaster und der klassizistische, über die Straße gebaute Verwaltungsbau verraten, daß sie einmal eine der Hauptachsen von Rhodos-Stadt war – damals, als die Neustadt noch nicht gebaut war. Ein Gäßchen nach rechts führt ins frühere Judenviertel, wo ein Blick in die **Synagoge** (s. S. 70) lohnt. Dann steht man am ›Seepferdchen‹-Platz und damit wieder in der touristischen Welt.

Länge des Rundgangs: ca. 2 km

Kulinarische Entdeckungen: Dorftavernen rund um das Psínthos-Massiv

Griechische Küche, die kennt doch jeder? Nun, man urteile nicht zu schnell. Und keinesfalls erwarte man auf Rhodos das, was man ›beim Griechen‹ zu Hause bekommt. Sollte es schließlich stimmen, daß auch im Urlaub die Liebe (zur Insel) durch den Magen geht, dürfte sich Rhodos als eher spröde Gespielin erweisen, wenn man nicht auch einmal ein Experiment wagt. Das gilt im übrigen speziell für die mehr oder minder lieblos aufgetürmten Büffets der Großhotels, die sich zwangsläufig einhandelt, wer Halbpension bucht. Diese internationalisierte, dem mitteleuropäischen Durchschnittsgeschmack angepaßte Abfütterei aus der Großküche sollte man sich tunlichst ersparen.

Gewiß kann als Faustregel gelten, daß man am besten in Rhodos-Stadt oder in Líndos ißt, doch spannender sind auf jeden Fall die kleinen bäuerlichen Tavernen in den rhodischen Inlandsdörfern. Dort kocht die Hausfrau in der Regel selbst, während der Herr des Hauses am Grill steht und die Kinder die Teller bringen. Und was als Deko an der Wand hängt, gehört als Erbstück auch zur Familie: der Dreschflegel des Großvaters, die lindischen Teller der Großmama. Was man zu essen bekommt, ist ebenso bäuerlich, bodenständig und den Traditionen verhaftet, die mit orientalischen Gewürzen wie Kreuzkümmel, Nelke und Piment ihre türkischen Wurzeln keinesfalls verbergen.

Startpunkt der Fahrt rund um das Psínthos-Massiv, dessen Nadelwald in tieferen Lagen in Olivenhaine mit eingestreuten Feldfluren übergehen, ist **Faliráki.** Man kann aber auch von Ialyssós (Triánda) aus bei Pastída dazustoßen. Von Faliráki geht's zuerst hoch nach **Kalythiés** (s. S. 38), wo man sich in der Bäckerei Kostas mit Wegzehrung versorgen kann, etwa einer herzhaften *tirópitta* (Blätterteigtasche mit Schafskäse) oder mit *amigdalotá,* knusprigen Mandelmakronen. Auch ein Blick auf die Obstauslagen hinter dem Kafénio Omonia lohnt. Nun weiter Richtung Pastída; keine Sorge, wenn die Asphaltstraße bald in Schotter übergeht: Diese

Brotbacken wie zu Großmutters Zeiten: in Psínthos

Strecke läßt sich problemlos fahren und schon bald kommt man auf den nagelneuen Flughafen-Highway. In **Pastída** steht die große, auf ›Griechische Abende‹ spezialisierte Taverne Nikolas – wer allein kommt, sollte die Taverne Scalakia am Hauptplatz bevorzugen, die unter einem riesigen Blätterdach ein köstliches *stifádo* serviert: ewig lang im Ofen geschmortes, butterzartes Lammfleisch mit ganzen Zwiebeln.

Die nächste Station ist **Maritsá,** das vom Hang die Küstenebene überschaut. Dort bietet das Estatorio Masasoura in sehr stilvollem Rahmen eine traditionsbewußte, doch durchaus professionelle Küche. Auch Rhodier fahren hier gern zum Essen hin, und wenn man Glück hat, gibt es Zickleinbraten geschmort in rhodischem Wein (ab 19 Uhr, Tel. 481 09). Wer tagsüber eine Alternative sucht, findet sie in der romantisch-einfachen Taverne Koutouki.

Ab hier steigt die Straße an, bald ist das Bergdorf **Psínthos** erreicht. Am Dorfplatz mit dem riesigen Ölbaum, den drei Männer nur knapp umfassen können, liegt die Taverne Butterflies von Nikolaos

Tsoullos. Seine Spezialität sind Ziegenkoteletts, dazu gibt's leckere in Öl ausgebackene Brotfladen.

Über Petaloúdes (s. S. 79) fährt man nun wieder auf die Küste zu, biegt dann aber auf Schotter nach **Thólos** (Theológos) ab. Mitten im alten Dorf ist die Taverne Drossia ein echter Geheimtip (s. S. 80): Abends treffen sich dort Einheimische und Urlauber zu feucht-fröhlicher Runde. Das *skordaliá* (Knoblauchpüree) hier macht Sie für den Tag danach zum Eremiten, doch allein wegen des *kléftiko,* Lammfleisch mit Feta-Käse aus dem Ofen, läßt sich das ertragen.

Nun an der Küste entlang nach **Soroní,** das mit der Psarotaverna (Fischtaverne) Elena am Strand einen Kontrapunkt zur Bauernküche setzt. Wir biegen aber hinter dem Dorf wieder ins Inland ab, passieren Moní Ágios Soúlas (s. S. 15) und fahren am Südhang des Psínthos nach **Eleoúsa** (s. S. 88), wo die Taverne Oasis unter schattigen Kiefern zur Einkehr lädt. Von hier ist über Archípoli, das Imkerdorf (s. S. 88), und Épta Pigés (s. S. 54) bald wieder die Líndos-Straße und Faliráki erreicht.
Länge der Tour: ca. 71 km

Wein, Honig & Oliven: Einmal rund um Profítis Ilías und Attávyros

An den Küsten zieht sich die ›Touristifizierung‹ mit Macht immer weiter nach Süden, doch das zentrale Inselinnere von Rhodos blieb, was es immer war: einsames Bauernland. Weite Kiefernwälder, hier und da unterbrochen von Olivenhainen und schmalen Ackerstreifen. Leicht haben es die wenigen, die Bauern blieben, also nicht, und Reichtum ist ein Traum, der ihre Kinder in die Urlaubsorte der Küste treibt.

Wer in dieses stille Rhodos fährt, erwarte daher nicht zuviel. In den meisten Dörfern kann man schon froh sein, wenn im Halbdunkel einer geöffneten Tür ein leises Rascheln vermuten läßt, daß eine gute Seele Cola kredenzen oder gar einen griechischen Kaffee bereiten könnte. Ausnahmen sind vor allem Émbona, Siánna oder Apolakkiá, die inzwischen als Ziel organisierter Inselrundtouren Karriere machten. Doch sie verläßt man mit dem unguten Gefühl, daß hier eventuell mehr verloren als gewonnen wurde.

Diese Fahrt durchs Bauernland beginnt in **Kolýmbia,** man kann aber auch von Lárdos über Láerma auf die Strecke stoßen. Erste Station ist (vorbei an Épta Pigés und der Kirche Ágios Nektários, s. S. 54) das Dorf **Archípoli.** Manchmal sieht man schon an der Straße die blaugestrichenen Bienenkästen (genauer sollte man sie tunlichst nicht untersuchen) – Archípoli ist ein Imkerdorf. Verkauft wird der Thymian- und Pinienhonig an der Nektários-Kirche, aber auch im kleinen Supermarkt gegenüber der Kirche kann man ihn bekommen. Unter dem typisch rhodischen, vielfach durchbrochenen Glockenturm der Dorfkirche ist die Café-Bar Replay heute der Treffpunkt der Einwohner; das traditionelle Kafénio hat hier inzwischen abgedankt.

Über **Eleoúsa** mit dem kuriosgespenstischen Arkadenplatz mitten im Wald (ehemals Sommerpalast des italienischen Gouverneurs, heute eine Kommandozentrale der Armee) geht es zu den kleinen ›weißen‹ Dörfern Platánia und Apóllona, die am Hang des Profítis Ilías das niedrigere Hügelland bis nach Láerma überblicken. Während Platánia einen eher abwei-

Na, was soll's denn sein: ›Supermarkt‹ in Archípoli – gegen den ›Extra Honik‹, den er verkauft, läßt sich aber nichts sagen

senden Eindruck macht, ist **Apóllona** lebhafter, bietet auch etliche Tavernen und zu dem ein kleines ›Volkskundemuseum‹, das bäuerliches Gerät aus alten Zeiten zeigt, u. a. zur Produktion von Olivenöl. Das ›Gold der Bauern‹ ist ein dankbares Produkt: Wächst von allein und will geerntet werden, wenn alles andere getan ist, im November nämlich erst. Dann werden Netze unter den Bäumen ausgelegt, wird gerüttelt, gesammelt, gequetscht und gepreßt (kalt natürlich) – griechisches Bauernöl, grüngelb und fast ein bißchen zähflüssig, ist das beste der Welt.

Was man vom Wein des Landes im allgemeinen nicht sagen kann. **Émbona,** das Weindorf (s. S. 36) am Fuß des völlig kahlen Attávyros-Berges, versucht aber, das Gegenteil zu beweisen. Was dort als Genossenschaftskellerei begann, ist inzwischen (mit EU-Förderung und dem Import von Rebsorten wie Chardonnay) längst zur Fast-Großproduktion geworden. Doch was soll's, der Erfolg adelt die Mittel, und der Sekt Grand Prix oder der Weißwein Villaré sind durchaus Tropfen auch für Genießer. An

griechischem Bauernwein, gar dem süffigen geharzten Retsína, versucht sich die einer französisierenden Produktlinie verpflichtete Kellerei gar nicht erst. Was eigentlich schade ist!

Doch nun weiter, pardon: Wer zu ausgiebig probiert hat, sollte erst in den zahlreichen Tavernen eine stärkende Grundlage suchen. Dann aber weiter nach **Siánna** (s. S. 36), das ebenfalls Wein produziert, doch hat man sich hier auf den Verkauf von *soúma* verlegt, eines klaren Tresterschnapses ähnlich dem Grappa. Die Rückfahrt führt über **Ágios Isídoros** an der Ostflanke des Attávyros. Das ist ein kleines, fast unbekanntes Dorf mit zwei Tavernen (und keinen Bussen), wo ein Gutteil der Trauben für den Émbona-Wein erzeugt wird. Um nicht dieselbe Strecke zurückzufahren, sollte man nun die Kammstraße über den dichtbewaldeten Profítis Ilías nehmen und auch beim idyllisch in einsamem Wald gelegenen Kirchlein **Ágios Nikólaos Fountouklí** halten, das guterhaltene Fresken des 14. Jh. bewahrt hat.

Länge der Tour: ca. 96 km

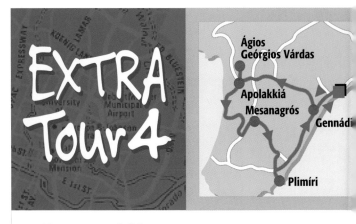

Vergessene Städte: Durch den ›wilden Süden‹ von Rhodos

Der fast unbesiedelte Süden von Rhodos ist von der Natur wahrlich nicht begünstigt. Nicht mehr Wald wie im nördlichen Teil der ›grünen Insel‹, sondern Macchia-Buschwerk und die *frigana,* eine mediterrane Pflanzengesellschaft aus dornigen Polstergewächsen, prägt die Landschaft. Bis auf die Inselrundstraße über Kattaviá und die Querverbindung nach Apolakkiá werden auch die Pisten immer abenteuerlicher: Schotterstraßen, die teils durch im Sommer ausgetrocknete Bachläufe führen (und nach Regenfällen nur per Jeep passierbar sind), teils vom Regen so ausgewaschen wurden, daß sie ganzjährig mit Pkw oder Moped nicht zu fahren sind.

Für die Tour, die in Kiotári (oder Lárdos) beginnt, braucht man aber keinen Jeep, jedenfalls im Sommer nicht. Interessant ist sie weniger der überaus stillen Dörfer wegen, sondern als Entdeckungstour zu den Zeugen einer einst sehr viel dichteren Besiedlung: zu uralten Kapellen, heiligen Ikonen, antiken Spolien. Wer das nicht mag, sollte besser noch einen Tag nach Rhodos-Stadt fahren.

Also von Kiotári nach Süden und bei Gennádi auf guter Straße nach **Apolakkiá.** Dies ist das größte Dorf des Inselsüdens, relativ modern, und sogar Tavernen und eine kleine Hotelpension gibt es (Amalia, Tel. 0244/61365, günstig). 3,5 km außerhalb, auf einer Anhöhe über dem Apolakkiá-Stausee, liegt die Kapelle **Ágios Geórgios Várdas,** deren Fresken zu den ältesten auf Rhodos gehören (spätes 13. Jh.) und dem strengen Stil der spätbyzantinischen Paläologenzeit folgen (am Ortsausgang Richtung Gennádi zum Staudamm abbiegen).

Von Apolakkiá nun weiter nach Süden zur Ostküste, wo man baden kann – doch ist der Strand zwar einsam, aber nicht sonderlich schön. Dann biegt eine Schotterpiste nach **Moní Skiádi** (auch Skiáthi) ab, dessen Ikone im ganzen südlichen Rhodos verehrt wird und daher in der Osterzeit von Dorf zu Dorf weitergereicht wird – sogar zur Insel Chálki darf sie reisen. In der kleinen Pilgeranlage unterhalb der Koukouliári-Höhen, die auf den Fundamenten eines

Steht auf frühchristlichen Fundamenten: Kirchlein in Mesanagrós

antiken Tempels stehen soll, wird sie von einem freundlichen Ehepaar gehütet. Die beiden zeigen auch den besseren Weg nach Mesanagrós, der den Bergrücken im Süden umrundet. Alternativ kann man aber auch zurück und über Kattaviá und Lachaniá fahren.

In **Mesanagrós** scheint die Zeit stehengeblieben zu sein; hier sind fast alle traditionellen Einraumhäuser, die woanders längst verfallen, noch bewohnt. Doch auch hier nennt sich das alte Kafénio jetzt Mike's Bar – wer über die Piste kam, ist froh, die durchgerüttelten Glieder sortieren zu können. ›Mike‹ verwahrt auch den Schlüssel zur Kímissis-Kirche des 13. Jh., die die Tradition einer Basilika des 5. Jh. fortführt; damals war der Ort immerhin Bischofssitz. Vom ersten Bau blieben eine Marmorsäule (eingemauert über dem Eingang) und ein Taufbecken erhalten, das die griechische Inschrift trägt: ›Wohlergehen und Erlösung denen, deren Namen Gott kennt‹. Wieder auf Asphalt fährt man nun gen Lachaniá, passiert dabei das von Zypressen gerahmte Kirchlein **Ágios Thomás,** wo am Thomas-Sonntag (Sonntag

nach Ostern) ein großes Fest stattfindet, an dem der gesamte Süden und auch die Panagía von Skiádi teilnimmt.

Lachaniá dann ist eines der schönsten Dörfer von Rhodos, jedenfalls für die, die hier leben. Hübsche Gassen, hübsche Häuser und ganz, ganz viel Ruhe: ein paar Deutsche, ein paar Engländer haben hier wirklich nette Ferienvillen, ansonsten will man unter sich bleiben. Nur der Papa (Priester) ist aufgeschlossen, kontaktfreudig und vermietet einfache Zimmer (Chrissi Taverna, Tel. 0244/460 33).

Als Ausklang der Tour dann wieder eine untergegangene Stadt: **Plimmýri** fungiert heute als Fischerhafen mit Strand und Taverne, doch in der Antike lag hier mit dem alten Ixion eine richtige Stadt. Zu sehen sind nur noch ein paar Bauteile einer frühchristlichen Basilika, die in der Vorhalle der Kirche Zoodóchou Pigí vermauert sind: korinthische Säulen und Kapitelle aus Marmor, die wohl auf einen antiken Tempel zurückgehen. So wenig nur bleibt vom Leben der Menschen…
Länge der Tour: ca. 88 km

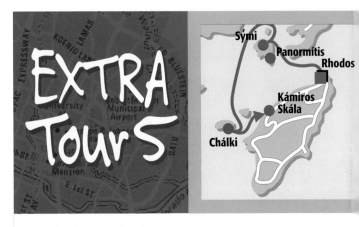

Zu den Inseln der Schwammtaucher – Sými und Chálki

Als die Damenwelt in Paris um die Mitte des 19. Jh. die Freuden des Bades entdeckte, hatte das Folgen, die bis in die Ägäis reichten. Die Nachfrage nach Badeschwämmen boomte, die griechischen Fischer spezialisierten sich aufs Tauchen und belieferten bald einen schwunghaften Handel mit dem ›weichen Gold‹ des Meeres. Und fuhren gute Gewinne ein. Denn da das Produkt modisch und von weit her war, zahlte man in Europa stolze Preise. Neben Kalýmnos und Bodrum erlebten auch die kleinen Inselhäfen Sými und Chálki, beide nicht weit von Rhodos entfernt, ihre große Stunde.

Das, was daraus wurde, läßt nun alle, die das Inselhopping wagen, staunen. Zwei Städte im Stil des griechischen Klassizismus, die trotz aller Verfallserscheinungen zum Schönsten zählen, was die Ägäis zu bieten hat. Buchen kann man den Tagestrip nach Sými in allen Reisebüros. Chálki ist weniger bekannt und nicht ganz so leicht zu erreichen. Eventuell kalkuliert man auch eine Übernachtung ein, denn günstige Pensionen gibt es auf beiden Inseln.

Die schönere Stadt ist gewiß Sými, wo heute wieder fast 2500 Menschen leben. Zur Blütezeit im 19. Jh. waren es 15 000. Dazwischen erlebte der Ort wirtschaftlichen Niedergang, eine Bombardierung durch die Deutschen im Weltkrieg und die fast gänzliche Entvölkerung bis zu den 70er Jahren. Besiedelt ist heute vor allem das Hafenviertel Giálos (Jálos gespr.) und das auf dem Bergsattel darüber gelegene Kerndorf Chorió. Die Häuser am Hang, entlang der steingepflasterten Kallístrata (›Schöne Treppe‹), liegen zumeist in Ruinen. Doch sind genügend Häuser restauriert, daß sie sich zu einer einzigartigen Farbsinfonie vor der kargen Felsszenerie verbinden: Weißbeige für das Haus, Blutrot für den Giebel, Schokoladenbraun für die Fensterlaibungen: Diese typischen Sými-Farben verleihen den – dem antiken Tempel entlehnten – Formen des Klassizismus die Kontur.

Am Hafen reihen sich die Tavernen – und die Schwammverkäufer natürlich. Sehenswert ist das Sými Sponge Center, wo die Arbeit der

Echte Schwämme, ein nützliches Souvenir; doch die gefährliche Arbeit der Taucher sieht man nicht

Taucher erklärt wird. Es war ein Handwerk für Abenteurer, für Männer, die mit dem Tod lebten. Die Taucher gingen mit ihren unförmigen Anzügen aus Gummidrillich und dem schweren Taucherhelm auf bis zu 70 m Tiefe, versorgt nur durch eine Leitung, durch die der Kompressor stickige Luft blies. Unterleibslähmungen waren eine Berufskrankheit, viele starben an Embolien. Und zeigt auch, wie die Schwämme, zuerst nur schwarze Klumpen, bearbeitet, gewaschen und gebleicht werden, um sie von Ihren ›Bewohnern‹ zu befreien. Denn Schwämme bestehen aus Kolonien einzelner Geißelzellen, die das Gerüst aus Spongin, einer hornartigen Substanz, aufbauen. Was man zum Schluß in der Hand hält, ist dann nur das Skelett, weich und kugelig beim Levantiner, lappigdünn beim Elefantenohr, gurkenförmig und kratzig beim Zimocca.

Der Siegeszug des Synthetikschwamms, aber auch ein rätselhaftes Schwammsterben haben die Produktion in der Ägäis fast zum Erliegen gebracht. So profitieren die Taucher jetzt von der Florida-Connection: Seit den 50er Jahren wanderten viele Insulaner in die Karibik aus, wo sie weiterhin tauchen. So werden jetzt auch Muscheln und präparierte Mini-Haie verkauft, die wie so vieles andere an den Souvenirständen nur Importware sind. Sýmis kleine Schwester Chálki, nicht ganz so schön, aber auch weniger überlaufen, feiert diese Verbindung im Namen der einzigen befestigten Inselstraße: Tarpon Springs Boulevard heißt er nach der Stadt, wo die meisten Auswanderer leben.

Verbindungen: Nach **Sými** tgl. mehrfach per Hydrofoils ab Mandráki in Rhodos-Stadt, die Tickets gelten auch für spätere Rückfahrt. Normalerweise immer mit Zwischenstopp am Kloster Panormítis (ca. 2 Std.); man kann aber auch eine Direktverbindung buchen. Tickets am Kai bei Anlegeplatz der Fähren und in allen Reisebüros.

Nach **Chálki** tgl. eine Kleinfähre ab Kámiros Skála (C4) ca. 17, retour ca. 5.30 Uhr anderntags; nur So auch 9 hin, 16 Uhr zurück.

Reguläre Fähren etwa 3 x in der Woche ab Embórikos-Hafen, Rhodos-Stadt.

Impressum/Fotonachweis

Fotonachweis

Titelbild: Straßenszene in Líndos
Vignette: Foto-Shooting vorm Amboise-Tor von Rhodos-Stadt
S. 2/3: Treppe zum Tempel der Athena Lindia auf der Akropolis von Líndos
S. 4/5: Gute Stimmung beim Távli-Spiel
S. 26/27: Auf der Platía Evréon Mártiron in Rhodos-Stadt

Hackenberg, Rainer (Köln): S. 4/5, 10, 14, 19, 33, 35, 37, 43, 69, 73, 75, 77, 79, 91
Latzke, Hans E. (Bielefeld): S. 1, 2, 6/7, 8, 9, 12/13, 17, 26/27, 31, 41, 47, 49, 51, 53, 55, 59, 61, 64, 65, 81, 85, 87, 89, 93
Wothe, Konrad / LOOK (München): Titelabb.

Kartographie: **Berndtson & Berndtson Productions GmbH,**
Fürstenfeldbruck, © DuMont Buchverlag

Alle in diesem Buch enthaltenen Angaben wurden vom Autor nach bestem Wissen erstellt und von ihm und dem Verlag mit größtmöglicher Sorgfalt überprüft. Gleichwohl sind inhaltliche Fehler nicht vollständig auszuschließen. Ihre Korrekturhinweise und Anregungen greifen wir gern auf. Unsere Adresse: DuMont Buchverlag, Postfach 101045, 50450 Köln. E-Mail: reise@dumontverlag.de

Die Deutsche Bibliothek – CIP-Einheitsaufnahme
Latzke, Hans E. :
Rhodos / Hans E. Latzke. - Ausgabe 2000.
- Köln : DuMont, 2000
(DuMont Extra)
ISBN 3-7701-5140-2

Grafisches Konzept: Groschwitz, Hamburg
© 2000 DuMont Buchverlag, Köln
Alle Rechte vorbehalten
Druck: Rasch, Bramsche
Buchbinderische Verarbeitung: Bramscher Buchbinder Betriebe
ISBN 3-7701-5140-2

Register

Register